LA GRAMÁTICA DEL VINO

Título original: La grammatica del vino
Texto: Marco Pozzali
Ilustraciones: Shutterstock Images
Creación de maqueta: Eleonora Bassi (Pollici Opponibili Studio Editoriale)
Traducción: Ricard Vela (La Letra, SL)
Adaptación española: La Letra, SL
Sección Vinos de España al cuidado de: Roger Sesto
El autor agradece la ayuda prestada en la investigación documental a: Roger Sesto, Manel Marcotti y Antonio d'Incá

Redacción Gribaudo
Via Strà, 167
37030 Colognola ai Colli (VR)
redazione@gribaudo.it

Responsable de producción: Franco Busti
Responsable de redacción: Laura Rapelli
Responsable gráfico: Meri Salvadori
Redacción: Daniela Capparotto
Fotolito y preimpresión: Federico Cavallon, Fabio Compri
Secretaria de redacción: Emanuela Costantini

FSC
www.fsc.org
MISTO
Carta
da fonti gestite in
maniera responsabile
FSC® C101934

Impresión y encuadernación: Grafiche Busti srl, Colognola ai Colli (VR), empresa certificada FSC®-COC con código CQ-COC-000104

© 2021 Gribaudo - IF - Idee editoriali Feltrinelli srl
Socio Único Giangiacomo Feltrinelli Editore srl
Via Andegari, 6 - 20121 Milán
www.editorialgribaudo.com

Primera edición: febrero de 2022
ISBN: 978-84-123940-2-3

MARCO POZZALI

La gramática del
VINO

GRIBAUDO

El dios que al mancebo enseña
a beber vino sin miedo,
a alegrarse con beber
y a danzar luego en bebiendo,
a los hombres trae ahora
amores y gustos nuevos
y el licor que de las uvas
nació entre pámpanos tiernos,
para que donde estuvieren
lágrimas de dios tan bueno,
sin enfermedad vivamos
y tengan vigor los miembros,
porque así doble las fuerzas
nuestro corto entendimiento;
hasta que con pies desnudos
vuelva el otoño soberbio,
y con espumosos labios
la dulce vendimia, envueltos
en las hojas los racimos
y en pámpanos los cabellos.

FRANCISCO DE QUEVEDO,
Anacreón castellano, Oda L

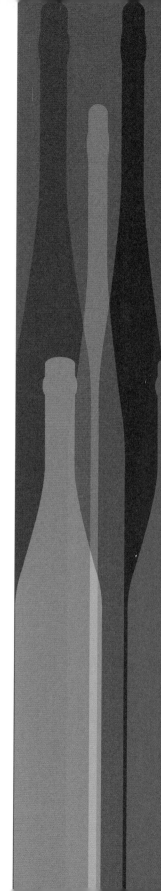

SUMARIO

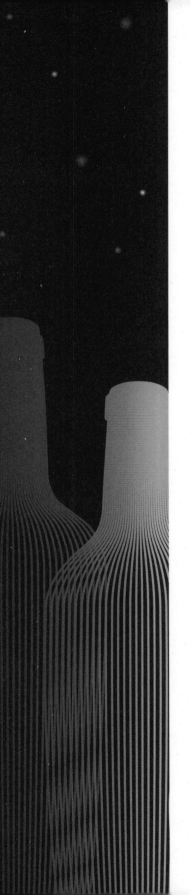

INTRODUCCIÓN

El diccionario dice que una gramática estudia los elementos que conforman una lengua para explicar así cómo se organizan y combinan.

En este libro sustituimos «la lengua» por «el vino» y ofrecemos, así, un viaje a través de los elementos que rodean a este líquido hermoso para comprender de qué hablamos o qué degustamos cuando bebemos vino.

De forma divulgativa, las siguientes páginas describen tanto las ideas básicas como las curiosidades, y nos acompañan en una vuelta al mundo a través de los principales países vinícolas.

Es cierto que el mundo de la enología es inmenso y discutir sobre él solamente en términos «teóricos» sería una cuestión bizantina. Existe un espacio objetivo, reservado a los especialistas, que se dedica al análisis técnico del vino, así como de todo lo que afecta a sus características químico-físicas de evaluación organoléptica y análisis sensorial (visual, olfativo y gustativo). El conocimiento de estas fases instrumentales es indispensable para quien trabaja en este sector, pero también para quien desea interesarse seriamente en esta materia, pues son las que sirven para facilitar y organizar la elección del vino que queremos beber.

Es, pues, necesario acercarse a este saber y es posible hacerlo desde un punto de vista distinto, no especializado, con otros matices y de forma sencilla.

Conocer el vino desde esa perspectiva es lo que este libro se propone desarrollar, sin perseguir verdades absolutas que valgan para todo el mundo por igual, pero sí basándonos en el estudio y la documentación.

Conoceremos los procedimientos, las variedades, los secretos y las formas fundamentales de la elaboración, la degustación y el maridaje, pero sobre todo de los tipos de vino, los lugares en que se producen y sus particularidades.

Ojalá nuestro planteamiento contribuya a sumar pasiones en torno al vino y enriquezca nuestros encuentros en buena compañía, ante una buena mesa, como momentos de placer para uno mismo y, en virtud de ello, un regalo hermoso y profundamente personal.

¿QUÉ ES EL VINO?

De manera didáctica y concisa, se puede decir que el vino es una bebida alcohólica que se obtiene de una fermentación parcial o (más a menudo) total de la uva (pisada o no), o del mosto de la uva. Tanto se puede obtener a partir de uvas que pertenecen a cruces de la *Vitis vinifera* con otras especies del mismo género (por ejemplo la *Vitis labrusca* o la *Vitis rupestris)*, como de las procedentes de diversas especies de *Vitis*, como es el caso de la *Vitis chunganensis*. En Europa, sin embargo, y a estas alturas ya en todo el mundo, solamente se considera vino aquel producto de la fermentación de las uvas que provienen exclusivamente de la *Vitis vinifera*.

Aunque de manera poética, podemos afirmar que el vino es fruto del suelo y del trabajo del hombre (lo que nos enfrenta a infinidad de conexiones y sugerencias), la calidad y la diversidad del vino depende estrictamente de la variedad de uva, el clima, el suelo, la exposición a las radiaciones solares y el tipo de cultivo.

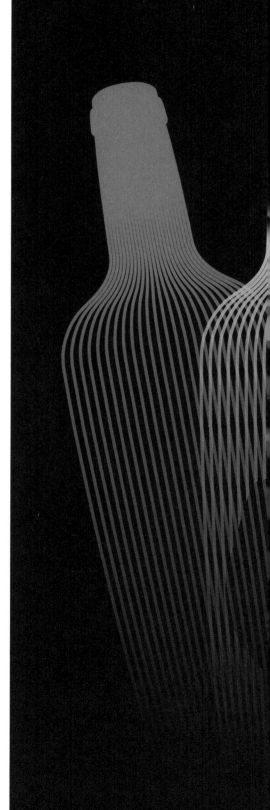

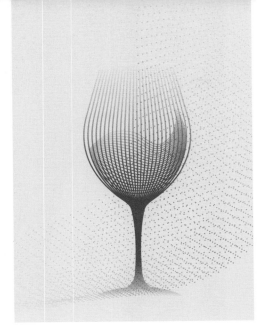

daciones entre variedades de uvas únicamente cultivadas, o bien de mutaciones espontáneas a partir de las ya existentes.

Sobre esta base de la naturaleza actúa el tiempo. En dos mil quinientos años de historia, la selección natural y todo lo que ha llevado a cabo el hombre para proteger, preservar y desarrollar los mejores ejemplares, nos ha legado un rico patrimonio de uvas. No todas las variedades son autóctonas. Algunas han llegado a un lugar concreto con las migraciones de los pueblos y otras han sido introducidas conscientemente. Por ello suelen distinguirse tres tipos básicos: las propiamente autóctonas (aunque sería mejor decir y escribir «cultivadas desde la antigüedad»), las alóctonas (o internacionales) y las tradicionales.

Por autóctonas se entienden todas las variedades que tienen su probable origen en un país, o que existen en ese territorio desde épocas antiquísimas, hasta el punto de que no se puede determinar su procedencia exacta.

Por alóctonas se entienden los viduños introducidos desde otros países en épocas recientes (en los últimos años o en todo caso durante el siglo XX) con la finalidad de generar vinos de sabores internacionales (por ejemplo la variedad de syrah que se cultiva en el Levante).

Por tradicionales se entienden las variedades establecidas en un lugar concreto desde hace muchos siglos (una fecha indicativa puede ser el año mil) y cuyas características ya no son coincidentes con las que tienen en su territorio de origen.

Y es que el vino es sobre todo esto: una riqueza que parte de la enorme diversidad de los territorios. Intentaremos conocer estos lugares y estas variedades de uvas..., y lo haremos metódicamente, desplazándonos de un lugar

En este sentido, el punto de partida de nuestro discurso no puede ser otro que la tierra, su lugar de nacimiento.

La lengua francesa posee un término específico para identificarlo. Se trata de *terroir*, una palabra de la que a menudo se abusa o se utiliza mal, puesto que no solo abarca la idea de «*territorio*» (para ello, a ese lado de los Alpes se utiliza *territoire*), sino también la relación de un determinado terreno con su propia historia, con las identidades morfológicas, climáticas, sociales, culturales y humanas que han acabado por determinar un área geográfica concreta, única y peculiar precisamente por esos rasgos característicos. Es lo que en español equivaldría a *pago* o *terruño*.

En cuanto a las variedades (o viduños) de uvas blancas y tintas, en el mundo conviven infinidad, de las que se obtiene un número elevadísimo de vinos. Las distintas cepas tienen orígenes diversos: algunas de las mencionadas más arriba derivan de vides silvestres, otras de cruces espontáneos entre especies silvestres y cultivadas, y aún otros de hibri-

a otro, catando en condiciones ideales y también degustando, aunque sea solo con palabras.

Resulta fundamental catar con atención y con respeto, porque el vino nos hace recordar. A todas las sensaciones del olfato (los perfumes) y del gusto se les vincula una emoción, de la que se deriva una reacción de la sensibilidad perceptiva, ya sea de placer o de disgusto, que a su vez atrae otros momentos y lugares: un efecto fisiológico que pone en marcha, mediante la nariz y la boca, el flujo de la memoria y que nos hace revivir emociones de tiempos pasados.

UN POCO DE HISTORIA

La historia del vino nos conduce a la penumbra del mito, a medio camino entre la Biblia, la mitología y los testimonios historiográficos fiables. La *Vitis vinifera* es una planta trepadora que crece hacia arriba, en busca de los rayos del sol, y está demostrada su aparición en los bosques del planeta desde hace ya trescientos mil años. Así pues, la historia de la uva es muy antigua, pero la del líquido fermentado que se obtiene a partir de su jugo también tiene orígenes muy remotos: las primeras pruebas inequívocas de una fermentación alcohólica a base de uvas se remontan a la prehistoria, entre el Paleolítico y el Mesolítico (entre ocho y cinco mil años a. C.), y se sitúan en la zona del Cáucaso, en Armenia y Georgia. Es probable que el azar fuera la causa del «descubrimiento» del vino: metida durante mucho tiempo en un contenedor, la uva empezó a fermentar. El

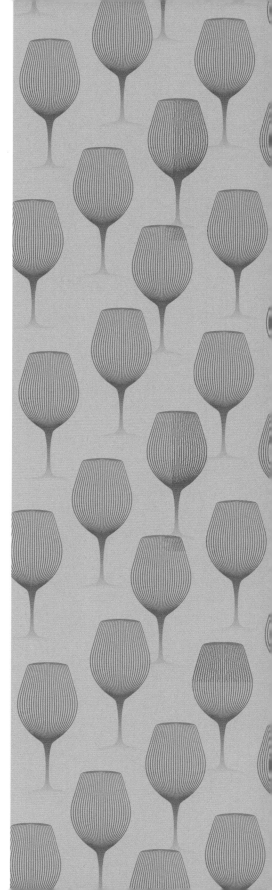

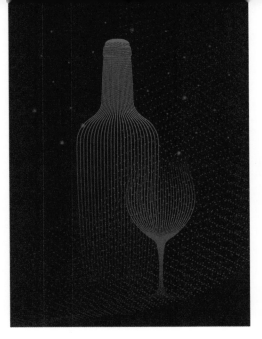

cualquier caso, hacia el siglo I a. C. el vino goza ya de un gran prestigio, y es precisamente durante este periodo cuando aparece el tonel de madera, un invento que según parece debemos a los galos (siempre con la complicidad del azar).

LA EDAD MEDIA

Entre los siglos IV y IX d. C. se produjo una primera y larga crisis en la producción y el consumo del vino, ya que fue entonces cuando las poblaciones de origen germánico invadieron el mundo mediterráneo, en el cual la vid tenía su ubicación ideal, tanto geoclimática como cultural. El vino era extraño a la cultura de los «bárbaros», porque estos pueblos tendían a no ser sedentarios y el vino, a causa del largo tiempo necesario para su producción, obligaba a un cultivo continuado. Así, los nórdicos que saquearon y generaron escasez destruyeron también gran parte del panorama vitícola europeo. Durante la Alta Edad Media, la conservación de los conocimientos sobre las prácticas enológicas se debe en gran parte a las órdenes eclesiásticas. En toda Europa, los monjes benedictinos y cistercienses custodiaron en sus monasterios, en sus terrenos y en sus bodegas, a salvo de saqueos, las variedades vitícolas y los conocimientos vinícolas, y continuaron produciendo vino para uso y consumo interno. Zonas como la Borgoña y el Ródano, en Francia, estuvieron a la vanguardia de este proceso y todavía hoy mantienen los rastros de aquellos lugares en donde lo sagrado y lo profano se unieron en provechosa armonía. Con todo, en ese difícil contexto se produjeron numerosos descubrimientos im-

consumo del vino se difunde de manera estable a partir del segundo milenio a. C. y está, desde sus inicios, estrechamente vinculado a ritos religiosos y a manifestaciones sagradas.

El historiador griego Heródoto describe las grandes celebraciones de los egipcios con orgías y borracheras colectivas, y el Antiguo Testamento contiene una gran cantidad de referencias al vino y a su importancia; pero también en las civilizaciones más lejanas a la nuestra, como en la gran China, el vino tuvo una enorme rele-vancia. El simbolismo del vino constituyó un eje central en los rituales paganos de la Grecia clásica, pero fue con Roma y con su imperio cuando la vid asumió una importancia decisiva, también desde el punto de vista económico, ya que su cultivo se difundió por toda Europa, como lo atestiguan también los relatos de Plinio y de César y las obras de Virgilio. Pero esa bebida era entonces muy distinta de la que conocemos hoy: un líquido dulzón, muy fuerte y que nunca se consumía puro, sino diluido con agua o bien aromatizado con salsas de pescado, especias o resinas especiales. En

portantes, por ejemplo, que la bodega subterránea, el lugar más secreto y oculto para guardar las barricas (que antes se colocaban muy a menudo en las buhardillas), era, gracias a la oscuridad, a la baja temperatura y a la humedad, un aliado precioso en la maduración y conservación del vino.

Alrededor del año mil resurgió el mercado y la producción de vino: al mejorar la vida económica y social, la viticultura se convierte en una de las principales actividades agrícolas. A partir de entonces, el vino vuelve a ostentar su papel de bebida de prestigio, aunque continuamos hablando de un líquido muy distinto del actual, obtenido con frecuencia a partir de la mezcla de uvas blancas y tintas. El primer tratado de enología, de principios del siglo XIV, es el *Liber de vinis* atribuido a Arnau de Vilanova, del año 1300, casi contemporáneo del tratado de agricultura más importante de toda la Edad Media, el *Liber commodorum ruralium* de Pier de' Crescenzi. El Renacimiento dedica una gran atención al vino: es la bebida «noble» que degustan los papas y los reyes, pero también la más «ordinaria» que consume el pueblo para mantenerse. Por otra parte, durante este periodo empieza a desarrollarse una economía de mercado del vino vinculada a conceptos cualitativos: los vinos se diferencian según categorías de calidad que dependen, sobre todo, de las zonas de las que proceden. A este respecto, ya desde la Baja Edad Media, el vino europeo por excelencia es el de Burdeos. Esto tanto por las condiciones climáticas del lugar como por su puerto cercano, que favorece el intercambio con los ingleses, los mejores comerciantes de vino, los más expertos y los que durante siglos «crearon» un mercado. Junto a estos, los caldos de la zona de la Champaña, también con un gran prestigio.

El consumo de vino sufre un retroceso en el siglo XVII, momento en que se afianzan otras bebidas alcohólicas como la cerveza o los licores de alta graduación, pero también el agua, que por fin empieza a ser potable. A pesar de ello, el vino de calidad mejora con nuevos adelantos enológicos: se emplea azufre en las bodegas, se rellenan del todo las barricas para impedir la acidificación del vino, se introduce la botella de cristal y se restablece definitivamente el uso del tapón de corcho (ya utilizado durante la época romana pero abandonado más tarde). En Burdeos, por su parte, se sanea el Médoc (gracias a los holandeses) y nacen los grandes *châteaux*. También se consolidan otras zonas de prestigio como Alsacia, la Borgoña, la Toscana, España o Portugal, y nacen nuevos vinos, como el oporto (que conquista inmediatamente el mercado inglés), el jerez, el madeira, el marsala o el tokay húngaro. Paralelamente, la vid había desembarcado en América. Aunque como tantas veces esto se debió inicialmente a la necesidad. Dado que ningún vino conseguía resistir entero el largo viaje a ultramar, los conquistadores acabaron por llevar directamente los esquejes y plantarlos en el nuevo suelo. También allí fueron los religiosos, misioneros, quienes difundieron el vino a lo largo del continente.

DEL SIGLO XIX AL SIGLO XX

Durante la primera mitad del siglo XIX, relevantes descubrimientos científicos apoyaron el mundo del vino en términos de conocimientos y de técnicas: Lavoisier cuantificó la transformación del azúcar en alcohol y nacieron las prensas con husillo de hierro y jaula. Sin embargo, otros cambios sociales y políticos, como la Revolución francesa, trastornaron una buena parte de los territorios vitícolas.

Aun así, cabe recordar que la clasificación de los Crus Classés del Médoc (precursores de las *Appéllations d'Origine*) de Burdeos se remonta a 1855, una fecha bien temprana si la comparamos con las de otras zonas europeas mediterráneas. En España, por ejemplo, la primera ley que reconoce las denominaciones de origen se encuentra en el estatuto del vino de 1932. En Italia, en cambio, hay que esperar a 1963 para hallar la primera ley que establece sus DO. Como quiera que sea, el desarrollo del vino iba a sufrir una interrupción repentina y total durante la segunda mitad del siglo XIX. En 1851, una primera enfermedad, el oídio, un hongo que ataca la vid y compromete la cosecha, y que fue derrotado en diez años gracias al azufre, fue solamente un pálido aviso de lo que acabaría sucediendo poco después. Otro parásito dañino, la filoxera, que golpea las raíces de la vid y que acaba con la destrucción del viñedo, apareció en Francia hacia 1865 y en solo veinte años aniquiló casi por entero las viñas europeas.

EN ESPAÑA, HASTA NUESTROS DÍAS

¿Y en España? Tal como hemos ido apuntando, gracias a una larga tradición, pero también a su capacidad exportadora, Francia era la reina del vino de calidad en época moderna. Para España, el suculento intercambio de bienes con América también supuso un incremento considerable de la producción, si bien el protagonista principal del comercio vinícola español estaba concentrado sin duda en el vino producido en Jerez, que ya desde época árabe encantaba a los anglosajones. A partir del siglo XVII algunos incluso se establecieron en la Península y potenciaron las bodegas de la zona, cuyo nombre todavía hoy recuerda el origen británico de muchas marcas. De un modo más general, sin embargo, el momento clave en el desarrollo de la viticultura española se sitúa a mediados del siglo XIX. En estos años, la epidemia de filoxera que devasta los viñedos europeos, en especial las cepas francesas, hace que algunos vinicultores galos se desplacen entonces a otros lugares y encuentren en La Rioja un entorno ideal para la viña. Al establecerse aquí difunden sus métodos de elaboración y dejan una huella fundamental. De forma casi coetánea, en Cataluña despega la elaboración de cava, también siguiendo el método champañés. Todo ello se desarrolla en las décadas iniciales del siglo XX, que, como hemos mencionado, ven nacer las primeras regulaciones y denominaciones de origen. Tras la guerra civil y el gran abandono de las vides, surgen en la década de los cincuenta las cooperativas y el vino se vende sobre todo a granel. Solo en los setenta y ochenta se inicia la gran modernización del sector, que culmina con el interés en la producción de vinos de calidad a principios de los noventa. El cambio de siglo no ha hecho sino ahondar en este camino de progreso que ha acabado con España como tercer productor mundial y uno de los países con más vinos destacados.

❦ ❦ ❦

Para disponer de una fotografía, esto es, una
imagen estática de la enología que sea completa y exhaustiva, es necesario imaginarse un
viaje que emprenderemos juntos para fijarnos
en la multitud de particularidades que caracterizan los diversos vinos que se producen por
todo el mundo. Pero también veremos las
variables que participan en el desarrollo de
esas características: los suelos, las altimetrías,
la influencia del mar y de las montañas, las
diferentes exposiciones al sol y a su irradiación
y las distintas variedades de uva. De hecho,
las combinaciones son infinitas y no siempre
fáciles de interpretar, ni tampoco fácilmente
rastreables en el carácter del vino que se acaba elaborando y que nosotros bebemos.

Nᵒ

LOS PROCESOS DEL VINO

CÓMO CRECE
LA UVA Y POR QUÉ

Todas las principales regiones vitícolas del mundo se hallan comprendidas en un segmento climático, entre los 30° y los 50° de latitud; es decir, en las zonas que solemos llamar «templadas». La altura sobre el nivel del mar a la que se encuentra un viñedo puede ser mucho más elevada cuanto más baja es la latitud. Pongamos algunos ejemplos: las zonas tradicionalmente vinícolas de Chile y Argentina (con latitudes en torno a los 30°) obtienen resultados óptimos a 1.000 e incluso más de 2.000 metros sobre el nivel del mar; en el límite septentrional del área de viña en la Champaña, en cambio, se cultiva a 140-190 metros, y en Burdeos solamente al nivel del mar (ambas entre los 45 y 50° de latitud). Asimismo, la vid suele dar uvas mejores en una colina que en el llano, donde por lo general las cosechas son más abundantes y, por lo tanto, de menor calidad. Más concretamente, la inclinación del suelo resulta fundamental porque determina un impacto más concentrado de los rayos del sol en las plantas, lo que favorece la maduración de los frutos. Hay que tener en cuenta, además, la exposición: los viñedos orientados hacia el sur gozan de una insolación más larga e intensa y, por lo tanto, idónea en las regiones más frías; mientras que en las zonas muy cálidas se buscan exposiciones menos soleadas. También existen situaciones geográficas particulares, como en Alsacia y la Borgoña, donde las viñas expuestas hacia el este cuentan con la ventaja de acumular el calor del sol durante toda la mañana, antes de que el ángulo de las horas de la tarde disminuya su intensidad. La vid es una planta muy resistente, capaz de adaptarse a condiciones climáticas extremas (fuertes sequías, poco sol, veranos tórridos o heladas intensas), pero lo que es realmente esencial para ella es la luz solar. Cada año, durante el periodo vegetativo, hacen falta una media de 1.500 horas de luz solar para que la planta se desarrolle de la mejor manera posible. También el agua, naturalmente, tiene mucha importancia: se considera que un nivel óptimo de precipitaciones para la *Vitis vinifera* ha de estar en torno a 700 mm anuales, sobre todo inmediatamente después del invierno y de la primavera. En cambio, las lluvias que llegan poco antes de la vendimia son muy dañinas: el agua hincha los granos de uva y diluye sus sustancias aromáticas, además de contribuir al desarrollo de muchas de las enfermedades más perniciosas.

¿CUÁLES SON LAS MEJORES CONDICIONES PARA PRODUCIR UN GRAN VINO?

Las temperaturas medias anuales no deben ser inferiores a los 10 °C (aunque mejor en torno a los 15 °C), con una media superior a los 20 °C en verano e inferior a los 0 °C en invierno. Porque para poder llevar a buen término la cosecha hace falta una cierta cantidad de calor, especialmente cuando la planta empieza a brotar y hasta el momento de la vendimia. Para favorecer una maduración constante de los granos de uva es fundamental que en verano no la golpeen grandes olas de calor, y que en invierno se produzcan solamente las heladas justas, ya que estas sirven para eliminar esporas y parásitos de la planta y de sus raíces.

¿QUÉ ES EL VIDUÑO?

E
s el tipo de uva, llamada «variedad», que se decide cultivar: la elección de la más adecuada siempre se valora en relación con la historia del lugar, con la situación geográfica, con el clima, con el suelo y con otros factores técnicos. Después de que durante muchos siglos se implantaran variedades de forma casual, sin una selección motivada, los monjes cistercienses de la Borgoña fueron los primeros en entender (nos hallamos en el siglo XII) que los rendimientos cualitativos y cuantitativos de las variedades de uvas eran distintos según el lugar y los métodos de cultivo. En el transcurso de un siglo, en otras grandes zonas vitivinícolas también se consolidaron los conocimientos sobre cada viduño: por ejemplo, el cabernet y el merlot se impusieron en la zona de Burdeos, el riesling en Alemania, el nebbiolo y el barbera en el Piamonte y el tempranillo en España. Italia, igual que Francia y España, son países de viticultura antigua, donde cada región puede presentar un precioso patrimonio de variedades autóctonas (es decir, originarias de la zona), o cultivadas tradicionalmente, que hoy están redescubriendo muchos viticultores. La ampelografía se ocupa de la clasificación y de la descripción de las diversas especies de viñas. Su objetivo es doble: agruparlas con criterios botánicos, basándose en su origen y en sus relaciones genéticas, y permitir la identificación de cada una de las variedades, además de ofrecer, al mismo tiempo, todos los detalles sobre sus características, usos, exigencias y aptitudes, además de sobre su resistencia a las enfermedades.

LAS VARIEDADES

Las variedades se pueden distinguir por las diferentes formas y colores de los granos de uva, de los racimos y de las hojas, además de por sus distintos periodos de maduración y, sobre todo, por las características organolépticas de los vinos que se obtienen a partir de ellas. Para identificar una variedad concreta hace falta una descripción detallada de la forma de las hojas y de los frutos (los racimos). Se estima que en todo el mundo existen aproximadamente 5.000 variedades cultivadas. En el registro español de viduños constan inscritas más de 235 variedades, algunas de las cuales solo se cultivan de forma marginal. En España, las más extendidas son, entre las uvas tintas, la tempranillo, la garnacha tinta, la bobal y la monastrell; entre las blancas, la airén, la verdejo, la palomino y las propias del cava (macabeo, parellada y xarel·lo). En Italia, las más difundidas entre las tintas son la nebbiolo, la sangiovese, la primitivo y la de Montepulciano; y entre las blancas, la trebbiano, la vermentino, la vernaccia y la moscatel. En general, las más famosas y extendidas por el mundo (las que se consideran «variedades internacionales») son la cabernet-sauvignon, la cabernet franc, la merlot, la pinot noir, la zinfandel y la syrah, entre las tintas, y la sauvignon blanc, la chardonnay, la moscatel y la riesling entre las blancas.

¿QUÉ ES UN RACIMO DE UVA?

El fruto de la vid es una baya que se presenta en una infrutescencia que tiene forma de racimo y que puede asumir distintas formas y dimensiones según la variedad. El racimo está constituido por una estructura leñosa central, el raspón, y por los granos de uva, que también son diferentes en su forma, medida y color dependiendo de la variedad concreta. De fuera hacia dentro, el grano presenta una cutícula que está cubierta por una sustancia cerosa llamada pruina, una capa celular que forma la epidermis y una pared hipodérmica. Esta mezcla conforma la piel, que desde un punto de vista enológico tiene especial importancia, ya que contiene las principales sustancias aromáticas, los colorantes y los polifenoles del fruto. La parte interior del grano de uva, la pulpa, se subdivide a su vez en dos secciones: el jugoso y carnoso mesocarpio y el más delicado endocarpio, que acoge las semillas. En la pulpa se encuentran las sustancias que pasan después al mosto y, más tarde, al vino: además de un 70-80% de agua, también hay azúcares, cuya presencia aumenta con la maduración; ácidos, en un porcentaje que va decreciendo durante el proceso de maduración, compuestos nitrogenados, vitaminas, minerales y sustancias colorantes. Cuando el racimo llega al grado perfecto de maduración, se recoge y se lleva a la bodega, donde comienza la fase de vinificación, es decir, de su transformación en vino.

LA FORMA DE LOS RACIMOS

El racimo puede presentar diferentes colores y matices muy peculiares: habitualmente, las bayas son de color blanco, gris o negro. Estas bayas, los granos de uva, están sujetos a esa pequeña ramita llamada raspón o raquis, que representa entre el 3% y el 5% del peso del racimo. La medida y la forma del mismo tienen una gran importancia para definir la calidad de una variedad. Según su forma, los racimos se clasifican como cónicos o piramidales, cilíndricos, truncados, alados, dobles o compuestos.

¿CÓMO SE HACE EL VINO?

L a primera etapa de transformación de los racimos en materia líquida es la vinificación. Dependiendo del tipo de vino que se quiera obtener existe una vinificación para tintos, para blancos o para rosados. Capítulo aparte merece el proceso seguido para los vinos espumosos y los vinos especiales (de pasas, fortificados o generosos). La base fundamental del proceso es la fermentación alcohólica del zumo de la uva, un fenómeno bioquímico complejo en que unos hongos concretos, los sacaromicetos, transforman los azúcares de ese mosto en alcohol, dióxido de carbono y numerosos productos secundarios (glicerina, alcohol metílico, ácido succínico, ácido acético y alcoholes superiores). Sin ellos no sucede nada. ¿Qué son exactamente?

Estos microorganismos son levaduras con la capacidad de provocar la fermentación del mosto de uva. Algunas (las autóctonas) están presentes de manera natural en la pruina, el velo ceroso desarrollado en la superficie de los granos de uva durante su periodo de maduración. Otras, las «seleccionadas», se extraen durante el cultivo aislado de vinos preciados y se añaden al proceso para garantizar una mayor capacidad fermentadora. A continuación sigue la maceración: la fase de la vinificación en que las partes sólidas de la uva entran en contacto con la parte líquida. Se distinguen diversos tipos de maceración:

- Maceración pelicular prefermentativa: tiene lugar durante la vinificación para tintos y el contacto más o menos prolongado del mosto con los hollejos, que sirve para extraer los aromas. Algunas veces se practica también en el caso de los blancos (está de moda en el ámbito de los vinos «naturales», también llamados *Orange wines*).

- Maceración en frío, empleada sobre todo en el caso del pinot noir: las uvas se dejan en una cuba durante algunos días a bajas temperaturas para extraer los colores y los taninos del mosto antes de iniciar el proceso de fermentación.

- Maceración carbónica, empleada sobre todo en la producción de vinos tintos ligeros y afrutados, de consumo inmediato (por ejemplo el Beaujolais Nouveau y los *novelli* en general): dentro de cubas herméticamente cerradas y en ausencia de levaduras añadidas, al agregar anhídrido carbónico se produce una fermentación intracelular —es decir, en el interior del propio grano—. La fermentación se debe también a la adición de una pequeña cantidad de glucosa.

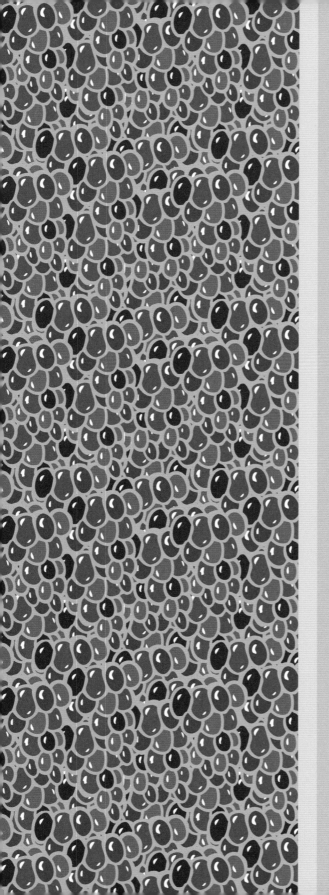

LA FERMENTACIÓN EN PÍLDORAS

Se trata del proceso químico que ocurre durante la producción del vino. Existen diversos tipos de fermentación. La alcohólica, según la cual el azúcar se transforma en alcohol y ácido carbónico, y el mosto en vino; la fermentación completa, que es la alcohólica llevada hasta el agotamiento total de los azúcares fermentables (con lo cual el vino no presentará residuos azucarados); la fermentación en botella, que es el método tradicionalmente empleado en la producción de vino espumoso y por el cual la segunda fermentación ocurre dentro de la botella (el llamado método *champenoise* o tradicional), y, finalmente, la maloláctica, que toma su nombre del proceso de transformación del ácido málico en ácido láctico, mediante la introducción de bacterias lácteas, con la finalidad de disminuir el contenido de ácidos presentes en el vino.

EL VINO TINTO

Para la producción de vinos tintos, el estrujado se lleva a cabo por medio de máquinas que rompen los granos de uva sin desgarrar la piel, y sin machacar las semillas. A la vez, separan los raspones de la masa estrujada (despalillado). Esta última operación limita el traspaso de las sustancias tánicas y evita el sabor herbáceo con un fondo amargoso que suele resultar desagradable y que procede precisamente del raspón.

El líquido obtenido de estrujar las uvas se llama «mosto». Es denso, turbio y, aunque en su mayor parte está formado por agua (alrededor de tres cuartas partes), contiene numerosas sustancias. El elemento principal de su composición es el azúcar, indispensable para el proceso de fermentación. Luego vienen las pectinas, las sustancias nitrogenadas (fundamentales para la vida de las levaduras), los ácidos orgánicos (tartárico, málico y cítrico), las sustancias minerales, las vitaminas, las enzimas y, sobre todo, las levaduras. La conversión de la uva en mosto es variable, pero aproximadamente de cada 100 kilos de uva se obtiene una media de 70 litros de mosto. La mayor o menor presencia de azúcares determinará la graduación alcohólica al final del proceso, mientras que la acidez contribuirá al buen curso de la fermentación, a la estabilidad del color y al equilibrio del vino.

En el transcurso de la fermentación para tintos, el mosto permanece en contacto con los hollejos de las uvas. Esta maceración puede ser más o menos larga, según el tipo de vino que se quiera obtener. Durante la fermentación para tintos, la masa de los hollejos y las semillas (el orujo), asciende hasta la superficie y forma una capa (el sombrero). El contacto de este con el aire puede provocar procesos de oxidación y acetificación, por lo que es necesario ejecutar frecuentes bazuqueos (roturas del sombrero) y remontajes (revolviendo el líquido de la parte inferior) para mantener húmedo el orujo. Estas operaciones favorecen también la extracción de las sustancias contenidas en los hollejos y la difusión de las levaduras. En esta fase, el control de la temperatura es un factor esencial para el desarrollo y la actividad de los fermentos, cuyo cometido fundamental es transformar los azúcares en alcohol (y en otras sustancias más o menos volátiles, como el anhídrido carbónico). Terminada la fermentación, se procede al trasiego, esto es, a separar el vino del orujo y trasladarlo a otro recipiente.

EL MOSTO

El mosto es el jugo todavía no fermentado que se obtiene al estrujar la uva fresca y que contiene partículas sólidas. Un mosto con pocos azúcares nos dará un vino pobre en alcohol y fundamentalmente magro desde el punto de vista organoléptico. Un mosto carente de acidez producirá un vino a menudo poco longevo y de color inestable; por el contrario, una acidez excesiva generará un vino «verde» e inarmónico. Naturalmente, el equilibrio justo de los componentes del mosto se obtiene sobre todo a partir de la buena técnica de cultivo en el viñedo.

EL VINO BLANCO

Para obtener vinos blancos «clásicos», inmediatamente después del estrujado se separa el mosto de los hollejos y del resto de las partes sólidas que componen el racimo. Las uvas se estrujan con prensas horizontales, hoy en día casi siempre neumáticas, que las aplastan con suavidad, favoreciendo la extracción de un mosto ya bastante limpio: así se producen vinos de aromas delicados, afrutados y con un sabor fresco y delicado, con una presencia escasísima de taninos. El mosto obtenido de esta manera debe fermentar sin posos ni impurezas. Para eliminarlas, se recurre a clarificadores o a la decantación, haciendo que el mosto repose en tinas refrigeradas añadiendo, en ocasiones, pequeñas dosis de dióxido de azufre para retrasar la fermentación; otros sistemas que suelen emplearse son el filtrado y la centrifugación. La criomaceración es otra posibilidad, mediante la cual el mosto se enfría a 5 °C o menos y se mantiene sobre el orujo durante unas cuantas horas (entre 18 y 20 como media). Esta es una práctica que tiene como finalidad obtener vinos más personales y ricos desde el punto de vista de la nariz y del gusto. Por su parte, la hiperoxigenación del mosto, es decir, un contacto prolongado con el aire (exactamente lo contrario de la hiperreducción practicada más habitualmente y que tiende sobre todo a conservar y a resaltar las fragancias y los aromas) tiene como finalidad que las sustancias colorantes y esenciales se vuelvan insolubles, con lo que mejora la estabilidad y el color del vino.

En este punto puede dar comienzo la fermentación, que se inicia con el añadido, también llamado «inoculación», de levaduras seleccionadas o autóctonas (según el método de trabajo) y que habitualmente se lleva a cabo a temperatura controlada entre los 18 °C y los 20 °C.

A esto le siguen procesos de trasvase, clarificación y filtrado. Estos últimos recursos actualmente se llevan a cabo con muchísima cautela y delicadeza para evitar un empobrecimiento excesivo del vino.

¿QUÉ SON LOS *ORANGE WINES*?

Los *orange wines* son productos elaborados a partir de variedades de uva blanca pero, en realidad, vinificados como si fueran vinos tintos; es decir, con una maceración del mosto en contacto con los hollejos y con las mismas levaduras, y que puede durar entre algunos días y muchos meses. Proceden habitualmente de la agricultura biológica o biodinámica, ya que de otro modo todo aquello que contuvieran los hollejos (eventuales tratamientos sistémicos o de química de síntesis) se volvería a encontrar en el vino.

Este procedimiento permite que los vinos adquieran taninos, polifenoles y sustancias aromáticas y proteicas que los distinguen tanto de los blancos como de los tintos desde el punto de vista visual, olfativo y táctil. Su color ámbar-anaranjado presenta variaciones de intensidad y de matiz según el tipo de uva, la estructura del vino y su eventual maduración o fermentación en madera.

EL VINO ROSADO

Un vino rosado se puede obtener a partir de uvas tintas con una vinificación para blancos o con una fermentación con los hollejos, pero una maceración muy breve. En este último caso, las uvas permanecen en la cuba, una vez ya estrujadas y despalilladas, entre 24 y 36 horas; y durante este periodo se llevan a cabo uno o dos remontajes. Luego se extrae el mosto y se deja fermentar a baja temperatura, habitualmente siguiendo el mismo procedimiento, o similar, que se lleva a cabo para los vinos blancos. En realidad, para obtener productos rosados existen numerosas variaciones posibles según lo que se quiera obtener y dependiendo de la filosofía del productor. También hay que tener en cuenta las tradiciones locales, por lo que resulta muy difícil describir un protocolo genérico para su producción, que a menudo cambia de zona a zona y de productor a productor.

LA MACERACIÓN CARBÓNICA

Como ya hemos mencionado anteriormente, esta es una técnica especial de vinificación que resulta idónea para obtener vinos jóvenes y también, de manera cada vez más extendida hoy en día en muchas zonas del mundo, tintos aceptables y fáciles, ligeros, con aromas afrutados y que pueden consumirse al cabo de tan solo un mes desde la vendimia. La maceración carbónica consiste en conservar la uva no estrujada, sana e íntegra, en una atmósfera saturada de dióxido de carbono a una temperatura de 25 ºC a 30 ºC durante un periodo variable de entre 2-3 y 8 días. En estas condiciones comienza un proceso de fermentación en el interior de la uva, que se confía a la actividad enzimática de los tejidos del mismo grano. Con este procedimiento se favorece la disolución de los polifenoles, que pasan de la piel a la pulpa. Terminada esta fase, se estruja la uva y se coloca el mosto en un contenedor en el que se completa la fermentación alcohólica en el transcurso de 36 horas; después se lleva a cabo el trasiego, seguido de rápidos trasvases para acabar de limpiar el vino de partículas en suspensión y, a continuación, someterlo a estabilización para embotellarlo finalmente.

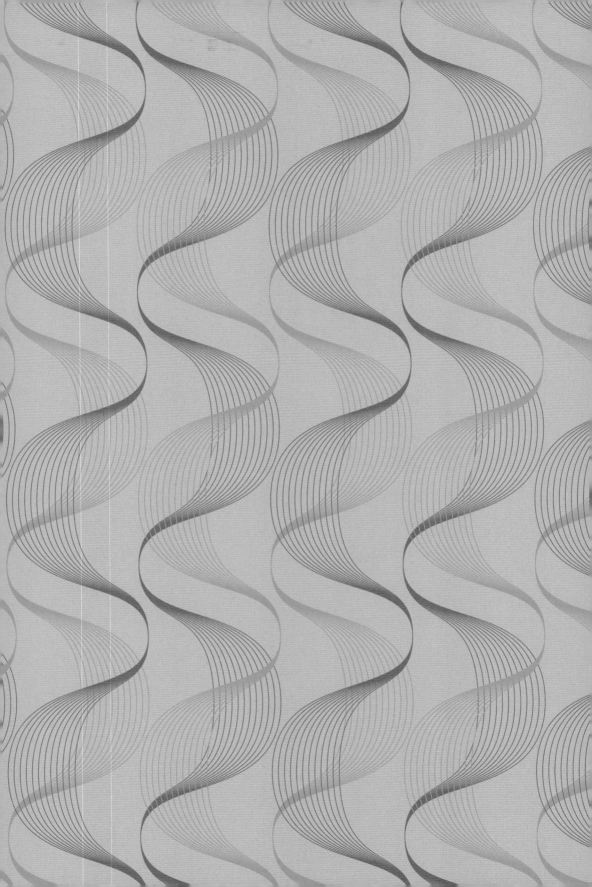

LOS VINOS ESPUMOSOS

S e define como «espumoso» el vino que en el momento del descorche produce una espuma provocada por la presencia de anhídrido carbónico en su interior. Este gas debe ser fruto única y exclusivamente del proceso natural de fermentación de los azúcares contenidos en el mosto o añadidos en los vinos con los que se ha elaborado. La formación de la espuma se produce al abrir la botella, es decir, cuando el vino que contenía entra en contacto con el ambiente externo, que está a una presión atmosférica normal, y libera con mayor o menor lentitud su dióxido de carbono en forma de pequeñas burbujas.

Existen dos grandes familias de espumosos: la primera está formada por vinos habitualmente aromáticos que se han sometido a una única fermentación del mosto; en la otra, en cambio, un vino ya fermentado (llamado «de base») se somete a una segunda fermentación. A su vez, estos vinos de nuevo fermentados pueden obtener espuma mediante dos tipos de métodos: el primero, llamado método Charmat, permite obtener, en general, espumosos más simples y afrutados (como en el caso del prosecco); el segundo, conocido como método tradicional o *champenoise*, se destina a la producción de vinos de cualidades organolépticas grandes y complejas (champán, cava, franciacorta, trento, etc.).

¿CÓMO SE LLAMA?

Después de años de incertidumbres semánticas, la variedad de uva prosecco hoy en día se conoce como glera. Es un viduño de alta productividad. Sus racimos son de buenas dimensiones, sus granos son redondos y su piel es de color amarillo y verde, y amarillo intenso en el momento de la vendimia. Las uvas producen un vino de graduación moderada, con una acidez discreta y un sabor que evoca siempre sensaciones de frescura y ligereza, y es también por ello por lo que resulta una variedad perfecta para el método Charmat.

A propósito de esta «fijación» de la nomenclatura, hay que decir que la diversidad en los nombres es un rasgo común entre las variedades, sobre todo en las más extendidas, como la garnacha, la chardonnay o la cabernet sauvignon. El tempranillo, la tinta más cultivada en España, se llama también cencibel, tinta del país, chinchillana, palomino negro, escobera, tinta fina... así hasta los ochenta y ocho términos que recoge el Catálogo Internacional de Variedades de la Vid. En Portugal se conoce como aragonez o tinta roriz, y en el Nuevo Mundo, desde Oregón hasta Chile, e incluso en Australia, con denominaciones tan variopintas como garnacho foño o grenache de Logroño. En ocasiones se llega a analizar el ADN del fruto para decidir si un nombre refleja una uva singular o si en realidad es otro sinónimo de una existente. Es lo que ocurrió con la tinta de Toro en 2000, cuando se demostró que también era tempranillo.

EL MÉTODO CHARMAT

Creado por el enólogo italiano Federico Martinotti (y más tarde por el francés Eugène Charmat) este método de toma de espuma se caracteriza por los grandes recipientes metálicos (llamados autoclaves), de acero inoxidable y con control de temperatura, que se utilizan para fermentar el mosto o fermentar por segunda vez el vino base. Capaces de soportar altísimas presiones, son adecuados para obtener espumosos, tanto secos como dulces, que suelen generarse a partir de mosto solo parcialmente fermentado.

Por lo general, para producir espumosos dulces, se introduce en el autoclave el mosto al que ya se han añadido las levaduras enológicas. Al inicio de la fermentación, estos contenedores se cierran herméticamente, de manera que el dióxido de carbono que se forma durante la misma no pueda disiparse, sino que queda absorbido por el vino que se está produciendo. Cuando se alcanzan el grado alcohólico y la presión deseados, se enfría todo y se bloquea el proceso de fermentación, para dejar así un residuo de azúcar adecuado. La subsiguiente filtración eliminará las levaduras y los residuos sólidos y conseguirá que el vino resulte estable, con el grado de dulzura que se haya determinado.

En cambio, para obtener espumosos secos, generalmente se parte de un vino base al que se añade licor de tiraje, una mezcla que siempre se lleva a cabo en el autoclave. La segunda fermentación consecutiva producirá anhídrido carbónico. Con el autoclave cerrado siempre herméticamente, como ya hemos mencionado, el dióxido de carbono que se genera con la fermentación (es decir, las burbujas) se «incorpora» al vino, mientras que, terminada su tarea, las levaduras se precipitan al fondo de la cuba y durante algunos meses traspasan sus aromas al vino, pero con una intensidad menor que en el método tradicional, porque la proporción de la cantidad de vino con la superficie que entra en contacto con las levaduras es menor; la operación se puede extender desde un par hasta ocho o nueve meses, lo que da lugar al llamado «Charmat largo». Al final del periodo de maduración, el vino se filtra, se clarifica y se estabiliza, se embotella y se tapa; tras una breve parada en la bodega, las botellas ya están listas para su comercialización.

LOS MOSCATELES ESPUMOSOS

El método Charmat también se utiliza para elaborar una variedad peculiar de vinos espumosos a partir de la uva moscatel, que corrobora así su gran versatilidad y su extensión por el mundo, que la ha llevado a generar vinos secos o dulces muy aromáticos, un licor valenciano típico (la mistela) o a que se consuma tradicionalmente con la pizza en Argentina. Los moscateles espumosos más tradicionales y conocidos son los italianos, especialmente los de Asti, aunque también se elaboran en California y en Australia. Por otro lado, algunas regiones españolas que producen moscatel habitualmente están dando a conocer cada vez más sus variedades espumantes, principalmente Cataluña (Penedés o Alella), Alicante y Málaga.

EL MÉTODO TRADICIONAL (O *CHAMPENOISE*)

D icen que este método fue un descubrimiento accidental del siglo XVII provocado cuando para mejorar los aromas frutales de algunos vinos se tendían a embotellar de forma rápida y se producía, así, una segunda fermentación en botella. Encerrado en el vidrio, el anhídrido carbónico no encuentra puntos de fuga y se disuelve finalmente en el vino y completa la toma de la espuma. La técnica hasta aquí descrita es la antecesora directa del método tradicional actual, en el que se distinguen dos fases precisas: primero se elabora el vino «inmóvil», la base, y luego se gasifica. Para la base se utilizan unas uvas concretas (chardonnay, pinot noir y pinot meunier para el champán; macabeo, xarel·lo y parellada para el cava), de las que se obtienen vinos ligeros y ásperos. Después se les añaden las levaduras y la sacarosa, y se embotellan con los tapones «de corona». Las botellas se apilan tumbadas y a partir de aquí empieza la incorporación de la espuma. Las levaduras «se comen» el azúcar y lo transforman en alcohol y el dióxido de carbono se mantiene en el vino. Tras algunos meses, las levaduras se mueren y se depositan sobre un lado de la botella. Durante aproximadamente dos años (pero también mucho más), las botellas reposan en las bodegas frescas y oscuras para que el anhídrido carbónico pueda disolverse. Está claro que solamente los vinos de alta calidad resisten los tratamientos más prolongados, que pueden llegar, en el caso de los reservas, a los cinco o incluso diez años. La última fase consiste en la eliminación de los depósitos residuales que permanecen en la botella. Mediante una práctica llamada *rémuage* (removido o remoción), las botellas se colocan sobre unos caballetes especiales (pupitres) y se sacuden con movimientos circulares y regulares hasta que los residuos se colocan «en la punta», esta vez con el tapón hacia abajo. En este momento, los depósitos residuales que se adhieren al tapón se congelan sumergiendo el cuello de la botella en una salmuera a -20 ºC. Así se alcanza el momento del *dégorgement* o «degüelle», que consiste en el volcado de las botellas para destaparlas: la presión ejercida por el anhídrido carbónico hace que el taco congelado de vino y residuos salte hacia fuera. Hecho esto, antes de volver a cerrar la botella con su tapón en forma de seta y la malla de aluminio, es necesario reponer el líquido perdido durante el degüelle. En este punto, si se quiere obtener un *pas dosé* (o «dosis cero») con un sabor completamente seco, se le añadirá otro vino, mientras que si se desea conseguir un espumoso más suave y menos áspero, un extra brut, un brut o un extra dry, se le añadirá el llamado licor de expedición (azúcares y destilado de vino junto con otros ingredientes) en pequeñísimas dosis.

¿QUÉ ES EL CRÉMANT?

Hasta 1994, este término se refería a los champanes elaborados de una forma determinada para que tuvieran menos anhídrido carbónico (3 atmósferas en lugar de las 4-5 clásicas) y exhibieran, por tanto, una espuma más delicada que la de los champanes tradicionales. Hoy en día, la definición se reserva para los vinos espumosos del método *champenoise* elaborados en Francia, en ocho denominaciones de origen: Alsacia, la Borgoña, Loira, Burdeos, Limoux, Die, Jura y Saboya, además de Luxemburgo.

LOS VINOS PASIFICADOS/1

La práctica de dejar marchitar las uvas destinadas a la vinificación es antigua. En la actualidad su finalidad es la de producir vinos dulces y para postre, aunque no hay que olvidar algunos ejemplos de vinos secos de mesa, como el Amarone de Valpolicella o bien ciertos vinos «de meditación» –los más complejos, que no solemos consumir como acompañamiento de la comida sino para degustarlos y disfrutarlos sorbo a sorbo–, que han transformado todo el azúcar en alcohol.

El procedimiento más sencillo para obtenerlos es la sobremaduración de la uva en la planta, la llamada vendimia tardía, que consiste en retrasar entre 10 y 20 días la recogida del fruto, el cual continúa el proceso de maduración y acumula una mayor cantidad de azúcares, con un incremento que puede llegar hasta el 25%. La vendimia tardía está indicada para variedades de uvas ricas en acidez, destinadas a producir vinos abocados o bien solo moderadamente dulces. Para obtener vinos más dulces, habitualmente se procede al marchitamiento literal de los racimos, si bien los métodos para llevarlo a cabo están estrechamente ligados al clima de la región en la que se encuentran. En realidad, los factores que lo determinan son: el hielo, el moho, el paso del tiempo o el sol. Por ejemplo, el frío nocturno de las regiones menos templadas, que congela los granos de uva, provoca la formación de cristales microscópicos que perforan ligeramente la piel; con la alternancia del día y de la noche (hielo y deshielo), de estos minúsculos agujeros se evaporará un poco de agua, con lo que se elevará la concentración de los azúcares, de los ácidos y de los compuestos aromáticos.

LA PASIFICACIÓN

Antes de ser vinificadas, las uvas se someten durante un periodo de tiempo más o menos largo a una reducción o eliminación del agua (deshidratación) presente en el grano. Su finalidad es que la uva se atenga a una especie de sobremaduración, con el fin de elevar su contenido alcohólico y de azúcares. Este proceso de pasificación se puede llevar a cabo de dos modos: permitiendo que los granos se marchiten directamente en la planta o dejando que los racimos se marchiten después de haber sido vendimiados, en locales apropiados con condiciones especiales de temperatura y humedad. Después de la pasificación, las uvas se prensan y se vinifican (empleando generalmente el método de vinificación de los blancos), y su periodo de maduración puede durar incluso algunos años.

Un sistema adicional para la obtención de vino a partir de pasas es la pasificación «en frío»: tras la recolecta, las uvas se dejan a una temperatura de algunos grados bajo cero durante aproximadamente doce horas. De este modo se congelarán solo los granos menos maduros, es decir, los que contienen más agua, que serán fácilmente descartados. Hecho esto comienza la etapa de prensado que, por tanto, solo utiliza los granos no helados, esto es, los más maduros y más ricos en azúcar que darán, así, un mosto dulce apto para convertirse en vino pasificado.

LOS VINOS PASIFICADOS/2

En ciertas regiones del mundo donde la humedad campa a sus anchas, algunas condiciones microclimáticas particulares permiten que se desarrolle sobre los granos de uva la llamada podredumbre noble (*Botrytis cinerea*), una forma especial de moho que, al desarrollarse de manera larvada, en lugar de perforar la piel del grano y provocar que se marchite, lo envolverá delicadamente, lo que favorecerá la evaporación del agua y modificará la composición misma de la sustancia contenida en el fruto, con lo cual conferirá al futuro vino una corpulencia especial y un carácter particular en nariz y en boca.

Si nos desplazamos decididamente hacia el sur, hacia climas más templados, el factor determinante de la pasificación resulta ser el paso del tiempo. Es decir, hay que esperar a que el agua se evapore lentamente de la piel de las uvas para alcanzar altas concentraciones de azúcares adecuadas.

Los racimos, recogidos en estado de perfecta maduración, se transportan a determinados locales cerrados, pero bien aireados, que se llaman «frutales», en donde se disponen horizontalmente sobre enrejados de bambú o redes metálicas, o bien suspendidos de estructuras especiales. El periodo de marchitamiento será distinto según cada variedad de uva, según el transcurso de las estaciones y según el grado de concentración que se quiera conseguir; básicamente, se prolongará desde la vendimia hasta finales de diciembre-marzo.

Todavía más al sur, ya en el corazón del Mediterráneo, en una vasta área dominada por el sol, el agente protagonista del proceso de pasificación es precisamente este último. Aquí, la maduración de las uvas está de por sí fuertemente anticipada, y el sol «deteriora» rápidamente las bayas recogidas y extendidas sobre esteras o piedras volcánicas. La acción solar no se limita a secar los frutos, sino que, con su calor, también modifica la estructura de los polifenoles, que confieren al vino los típicos aromas florales, de cítricos confitados y de la llamada maquia mediterránea.

LA PODREDUMBRE NOBLE

Se trata de una enfermedad de la vid provocada por el hongo *Botrytis cinerea*. En un primer momento, en la vid infectada se forman manchas pardas y de podredumbres blandas sobre el grano de uva. A continuación, si el clima es seco el grano se marchita, pero si es húmedo se recubre de un moho grisáceo. En determinadas condiciones climáticas, el hongo golpea también el interior del fruto y aumenta su contenido aromático y de azúcares. Este tipo de hongo, llamado «podredumbre noble», que produce sabores y perfumes característicos, es benévolo y resulta indispensable para la producción de los vinos de postre más famosos, como el sauternes y el tokay.

VINOS GENEROSOS

La gran familia de los llamados vinos «especiales» se caracteriza mayoritariamente por añadir alcohol (el llamado «fortalecimiento») durante la fase productiva. Esta práctica se solía utilizar en el pasado para estabilizar los vinos y hacer posible su transporte y su conservación (no es casual que Marsala, Oporto o Madeira sean lugares costeros y ciudades de tráfico naval desde siempre). A partir del siglo XVII, debemos a los mercaderes ingleses la intuición de que, mediante el fortalecimiento, se podían obtener vinos con unas características muy particulares y después promocionarlos en los mercados europeos y extraeuropeos. El alcohol puede añadirse en diversos momentos de la vinificación: si ocurre a la mitad de la fermentación, la actividad de las levaduras se inhibe y deja un residuo de azúcar, mientras que si se realiza al final de la fermentación se obtiene un vino seco. Estos son los famosos vinos licorosos y generosos. A nivel mundial, los más famosos son los siguientes: el jerez, producido en Andalucía y sujeto a una elaboración y a una maduración particulares, aunque eso también lo divide en varios tipos según los diferentes grados de alcohol, de azúcar y de envejecimiento; el oporto portugués, obtenido a partir de una mezcla de uvas tintas y vinificado como un tinto, famoso por sus largas maduraciones, y, finalmente, el madeira, que se elabora en la isla atlántica portuguesa del mismo nombre a partir de uvas blancas y que se obtiene partiendo de un mosto, concentrado en caliente, que se hace fermentar (parcialmente) y al que luego se le añade alcohol. Es también célebre por ser probablemente el vino más longevo del mundo, capaz de superar con agilidad el siglo de vida. En este grupo de vinos cabe añadir otros como el banyuls francés o el marsala italiano, con una amplia tipología según las uvas utilizadas, su color, su grado alcohólico, dulzura...

AL FINAL DE LA COMIDA, UN OPORTO

El tipo de oporto más célebre es ciertamente el *vintage*, que se elabora solo durante las grandes añadas, madura únicamente durante 24 meses en madera antes de ser embotellado y mantiene en general las características del vino, la integridad del tanino y el cuerpo. Pero recordemos también el del tipo *colheita*, una clase de *tawny* que se conserva durante años en barricas antes de comercializarlo. Su color, como nos recuerda el apelativo *tawny*, es el del bronce, y se expresa en la nariz con unos aromas etéreos, especiados y cálidos, ligeramente alcohólicos. Penetra en boca como una sinfonía, con una sensación de fruta emborrachada en alcohol que se acaba convirtiendo en seca, se aproxima al regusto de un coñac y una variedad de especias hacen presentir los banquetes de un mercado indio.

A SU JUSTA
TEMPERATURA

D espués de haber aprendido a reconocer los diferentes tipos, es importante saber cómo moverse con respecto al vino.

Uno de los aspectos fundamentales que hay que considerar para apreciar mejor nuestro líquido oloroso es servirlo siempre a la temperatura justa. ¿Cuántas veces hemos pedido un vino tinto a temperatura ambiente y hemos visto que lo cogían de la repisa sobre la máquina del café? ¿O cuántas nos han traído un blanco completamente helado porque lleva siglos olvidado en el fondo del frigorífico, encima del serpentín?

Hay que prestar mucha atención y no tener miedo: si uno se sienta en un restaurante frente a un blanco demasiado frío, debe volver a pedirlo, si nos traen un tinto «hirviendo», exigir inmediatamente un cubo de hielo. Todo esto porque la temperatura de servicio de un vino incide en las sensaciones olfativas, gustativas y táctiles, que no pueden advertirse ante un vino demasiado caliente o demasiado frío. Las fragancias se perciben mejor a 18 ºC, por debajo de los 10 ºC la sensibilidad disminuye drásticamente y si es inferior a 4 ºC no se percibe ya casi nada.

La temperatura elevada amplifica los aromas, las sensaciones dulces y las seudocalóricas del alcohol, mientras que la baja acentúa las percepciones amargas, las saladas, si es que hay alguna, y la astringencia tánica.

Es el contenido de taninos lo que condiciona la temperatura de servicio. Los vinos blancos, casi exentos de taninos por naturaleza, se beben fríos. Los vinos rosados, poco tánicos, se toman bastante fríos. Los tintos poco fermentados, del tipo de los «jóvenes», se aprecian mejor cuando se beben frescos; al contrario, los reservas con muchos taninos se toman templados, o bien a la temperatura que durante una época se definía como «ambiente», y que en la práctica está entre 18-20 ºC como máximo. Aún más: los vinos ricos en aromas y que conservan los rasgos afrutados de los jóvenes se benefician de una temperatura de degustación un poco más baja, que destaca su frescura aromática, mientras que los vinos que han adquirido un buqué gracias a un envejecimiento en botella se sirven a temperatura ambiente, para reforzar su carácter y acentuar su tersura.

LA VINOSIDAD

Es el efecto de calor que provoca el alcohol en el paladar y que se atenúa a temperaturas frescas. Es por este motivo, por ejemplo, que se soporta mejor el alcohol de un aguardiente blanco o de un licor cuando están fríos. Al contrario, a temperaturas elevadas la vinosidad se acentúa hasta que produce una sensación de escozor en la garganta. Los vinos generosos se beben más bien frescos. El champán y los espumosos en general se ingieren fríos o, en cualquier caso, muy frescos, precisamente para contener el efecto «efervescente» causado por el dióxido de carbono; es decir, por las burbujas.

EL TIEMPO EN EL VINO

Un aspecto fundamental del vino, de todos los vinos, reside en su estado evolutivo, que podemos captar mirándolo y probándolo: joven, hecho, maduro, evolucionado y decrépito son los términos que designan sus fases evolutivas. La edad del vino no es necesariamente una cuestión del registro civil, sino que depende de la tipología, del tipo de vinificación y de la calidad de la añada.

Por poner un ejemplo, un Barolo de 5 años se considera muy joven, e incluso todavía verde e inarmónico; por el contrario, después de un año, un Beaujolais Nouveau tiende a la decrepitud. Esto quiere decir que se define como joven un vino que todavía no se encuentra perfectamente equilibrado, que necesita madurar más. En cambio, si un vino está en condiciones de poder beberse y apreciarse, diremos que está hecho, mientras que maduro es el que ha alcanzado un estadio de evolución óptima y se encuentra en el punto más alto de la parábola de su vida: por lo tanto, es aconsejable consumirlo, porque a partir de este momento es cuando podría iniciar su descenso, el proceso de decadencia que lo convertirá progresivamente en un vino ligeramente viejo y después, poco a poco, apagado, pasado y, finalmente, decrépito; es decir, que ya no es capaz de resultar placentero a nivel organoléptico. En casos extremos, ni siquiera hace falta probar el vino: las tonalidades ambarinas para los blancos secos, o marrones como las de un ladrillo para los tintos, además de los aromas maderizados, son indicios seguros de un vino caducado.

LOS VINOS TRADICIONALES

Nuestra historia y nuestro pasado no permanecen inmóviles como estériles recuerdos cristalizados, sino que se vuelven presentes, se contextualizan y nos ofrecen la posibilidad de la continuidad.

En el fondo, lo que representa la tradición es justamente esta pertenencia, este reclamo constante de la tierra. Raíces, manos que trabajan, campiña y colina, veranos soleados, hileras de viñas hasta donde se pierde la vista, la vendimia y la bodega. Identificar un vino con la procedencia propia significa también conocer su carga, su valor en el contexto en el que uno se mueve. Su génesis y también su historia, las familias, las personas que han trabajado en esos lugares a lo largo del tiempo. Los vinos de la tradición, de nuestra tradición, son fotografías, instantáneas de muchos rincones, de Europa y del mundo: son un vínculo indisoluble con lo que éramos, con lo que somos y con lo que seremos.

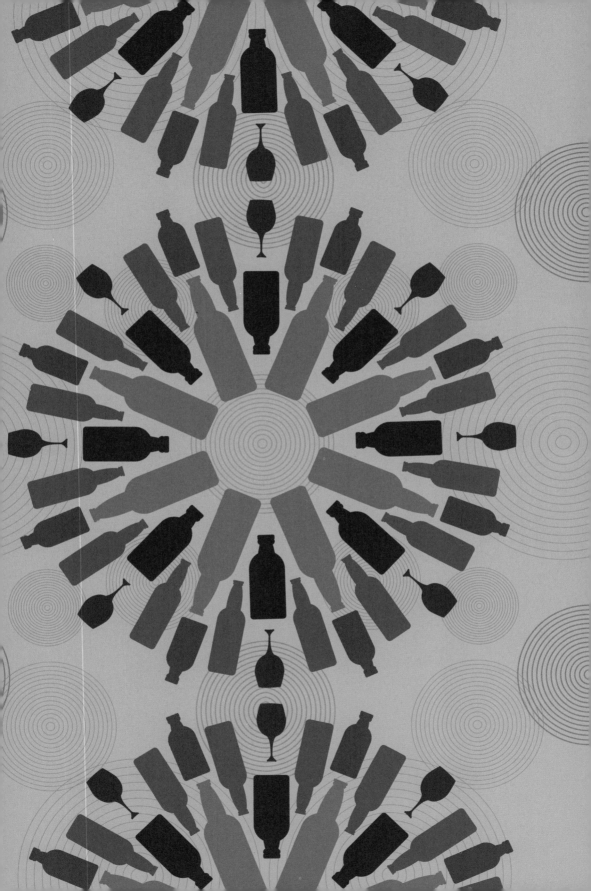

Nº

EL
VINO
EN EL
MUNDO

CHINA,
UN PAÍS NOVÍSIMO

Durante mucho tiempo, el mundo del vino ha mirado hacia China como sitio inmenso en el que vender, una suerte de entelequia más o menos adaptada al comercio exterior de cada uno. Sin embargo, el país asiático es ya una realidad con fuerte vocación vinícola, que en los últimos cinco años ha superado a Francia en la extensión total de viñedos, con cerca de ochocientos millares de hectáreas cultivadas.

La región más adecuada es seguramente Ningxia, en el noroeste del país, en las laderas de los montes Helan, entre los 32 y los 39 grados de latitud norte; es decir, en la franja climática más idónea para el cultivo de la vid, con las montañas como barrera natural contra los vientos fríos y el río Amarillo garantizando la correcta irrigación natural del terreno. Según demuestran los poemas escritos por el monje budista Guanxiu, la uva ya se cultivaba (casi seguro como fruto, no para vino) durante la dinastía Tang (618-907 d. C.), aunque hay que esperar a 1984 para asistir al nacimiento de la primera hacienda vinícola. Actualmente existen unas cien bodegas en la región y se cultivan cuarenta variedades de uvas distintas. Las casi 3.000 horas de luz solar en las colinas orientales de los montes Helan, a una altitud de 1.100 metros sobre el nivel del mar, una fuerte radiación ultravioleta y una gran diferencia de temperatura entre el día y la noche favorecen principalmente la producción de vino tinto seco de gran calidad, pero no se ignora el blanco.

¿Qué variedades se cultivan? Actualmente, las uvas más difundidas en la zona son la cabernet-sauvignon (mayoritaria), la merlot, la pinot noir, la syrah, la marselan y la chardonnay, pero también la riesling itálica y, en menor medida, la gamay y la sémillon. Existen además aproximadamente treinta variedades de uvas silvestres, algunas de las cuales se han criado en otros países.

Finalmente, cabe mencionar a los numerosos enólogos y ejecutivos europeos (principalmente franceses) contratados por el Estado chino que han abierto el camino a la inversión de compañías europeas, cuyas sedes se encuentran a lo largo de la «carretera del vino» local. Entre estas se cuentan Domaine Chandon China, Pernod Ricard Yang Yang International, Château Chang Yu Moser XV y otras, incluso algunas de propiedad estatal.

VIÑAS BAJO TIERRA

La famosa bodega francesa Chandon se instaló en Ningxia en 2012 para elaborar vinos espumosos por el método tradicional a partir de plantaciones de chardonnay y de pinot noir. Sorprende ver el tronco tan fino de las viñas, que están inclinadas 45 grados, ya que en esta región (y a más de 1.000 metros de altitud) se pueden alcanzar los 20º negativos en invierno, lo que podría llegar a matar las vides. Por ello las cepas se entierran manualmente a finales de otoño. El pequeño montículo permite que la planta se mantenga viva y vuelva a desenterrarse en primavera.

NUEVA ZELANDA, LA BOTA INVERTIDA

Aunque ya producía vino hace más de doscientos años, este es un país considerado «nuevo» en el panorama enológico mundial, pues solamente ha dado un paso adelante decisivo para la difusión y la calidad de su producción durante la última treintena.

Se cree que fue el misionero anglicano Samuel Marsden quien, en torno a 1820, inmediatamente después de la colonización inglesa de la tierra de los maorís, empezó a implantar la vid. La primera fecha certificada es 1836, momento en que James Busby plantó un viñedo cerca de Waitangi y consiguió así que se distribuyera vino entre los soldados ingleses, más fieles a su bebida nacional: la cerveza. A finales de siglo XIX se inicia, sin embargo, un periodo de abandono de la producción e importación impulsado por la filoxera, primero, y las guerras mundiales y la prohibición, más tarde. Solo a partir de los años ochenta del siglo pasado se asiste a un auténtico renacimiento del vino.

Nueva Zelanda se divide en dos islas, la isla Norte y la isla Sur, con una difusión vitícola localizada en zonas concretas de ambas. En general, el clima es fresco y oceánico, condición considerada ideal para la producción de vinos con clara matriz aromática. Su riesgo más significativo es la excesiva pluviosidad.

Las zonas más adecuadas para el cultivo en la isla Norte son Gisborne y Hawke's Bay. En Gisborne se cultivan chardonnay y müller-thurgau, y en Hawke's Bay los mejores sauvignon y chardonnay del país. Auckland es la única región que cuenta con algunas subzonas vinícolas, como Kumeu/Huapai, Henderson y Waiheke Island. En la parte meridional, por su parte, se hallan Wairarapa y Martinborough.

En la isla Sur, en cambio, Marlborough, en el extremo septentrional, es la zona más célebre y reputada, la patria de los mejores y más reconocidos sauvignon blanc de Nueva Zelanda, hasta el punto de que se exportan mayormente al resto del mundo. Al noroeste de Marlborough persiste la pequeña área de Nelson, donde se cultiva pinot noir, sauvignon y chardonnay. En Canterbury hace frío y la pinot noir es elegante y fina, así como la riesling, otra variedad internacional que ha encontrado aquí su casa y se ha aclimatado perfectamente. En el extremo más al sur de la isla, llamado Central Otago, por su parte, predominan la pinot noir y la gewürztraminer.

EL SAUVIGNON DE MARLBOROUGH

Sin duda alguna, el sauvignon blanc es el vino más famoso de Nueva Zelanda. El producido en la región de Marlborough (en la parte septentrional de la isla Sur) es apreciado mundialmente por sus aromas frescos y delicados de fruta tropical, muy evidentes, y por sus tonalidades verdes. Las uvas gozan de largas jornadas de sol, con oscilaciones térmicas entre el día y la noche, y unas temperaturas moderadas que favorecen la maduración paulatina de los racimos y el desarrollo de aromas de una idiosincrasia particular, lo que confiere al sauvignon blanc que se produce allí una identidad bien marcada.

AUSTRALIA Y SUS PAISAJES/ɪ

La viticultura australiana también tiene una historia bastante reciente. Empieza a difundirse, y muy parcialmente, solo a partir de las primeras décadas del siglo XIX, con variedades quizá procedentes de Sudáfrica. Pero en seguida se extiende a Nueva Gales del Sur, a Tasmania, a las regiones occidentales y meridionales de la isla y al estado de Victoria. Las variedades de uva son precisamente las internacionales, ya difundidas en Sudáfrica, y no existen testimonios precisos de especies autóctonas australianas. Este proceso de extensión fue lento y acabó fermentando de manera estable solo a principios de la década de 1960, cuando se establecen las bases del trabajo serio para la calidad y la actual fortuna de las producciones australianas en los mercados internacionales.

Entre las zonas de producción destaca el estado de Australia del Sur, una de las más representativas y productivas del país, hasta el punto de que más de la mitad del vino australiano se elabora aquí y aquí se encuentran sus áreas más famosas, como Barossa Valley, Coonawarra, Adelaide Hills, Eden Valley, Clare Valley, Padthaway y McLaren Vale. La zona vitícola más importante se sitúa junto a Adelaida, mientras que Padthaway y Coonawarra se hallan todavía más al sur. Barossa Valley está a unos sesenta kilómetros al noreste de Adelaida y presenta un clima cálido y muy seco. Aquí se producen blancos, a menudo en madera, a partir de uvas chardonnay, pero también se cultivan el riesling, el shiraz (syrah) y el sémillon, además del palomino y el pedro ximénez por lo que se refiere a vinos licorosos. Clare Valley está situado al norte de Barossa Valley. Aquí el clima es fresco y temperado, ideal por tanto para los blancos fragantes y aromáticos, entre los cuales destaca el riesling, el auténtico protagonista de la zona. Entre los tintos, caben mencionar los ensamblajes de garnacha, shiraz y monastrell. Al sur de Adelaida encontramos los Southern Vales, donde destaca el distrito de McLaren Vale. En esta región se producen tanto blancos como tintos con las mismas variedades de uva internacionales.

LOS VINOS DE MCLAREN VALE

En esta interesante área australiana hoy se cuentan hasta casi setenta haciendas vitivinícolas y por lo menos trescientos viticultores independientes. Se trata de un *terroir* con interesantes expresiones geológicas y rasgos climáticos parecidos a los de la cuenca mediterránea, con veranos cálidos e inviernos moderados y lluviosos. En cuanto a la altitud, se mueve en cotas que van de los 50 a los 150 metros sobre el nivel del mar, con picos de 350 metros. También sopla mucho viento, sobre todo en dos direcciones, lo que prácticamente subdivide esta área en dos subzonas bien diferenciadas. El suelo es por lo general arcilloso y arenoso, con tierras rojas a causa de inclusiones ferruginosas y de la presencia de limo. Las variedades de uva más elaboradas son también similares a las de la cuenca mediterránea: shiraz, garnacha y cabernet, pero también fiano, vermentino, barbera, tempranillo y sangiovese.

AUSTRALIA Y SUS PAISAJES/2

Retomamos nuestro viaje ideal por esta tierra inmensa y salvaje visitando uno de sus lugares más conocidos, Eden Valley. Situada al este de Barossa Valley y al noreste de Adelaida, está considerada la segunda área de interés para los grandes riesling, que aquí son menos ácidos y más florales que los europeos. Gracias a un clima muy fresco, también se ha difundido aquí el cultivo de interesantes pinot noir. Más allá, Adelaide Hills, al sur de Eden Valley, sobre unos promontorios muy frescos y secos, es verdaderamente notable por su producción de espumosos y de grandes sauvignon blanc.

Por su parte, Coonawarra se encuentra a unos 450 kilómetros al sureste de Adelaida, junto al estado de Victoria. Aquí los vinos son cálidos, robustos y ricos. Entre todos ellos, y junto al shiraz, predomina el cabernet-sauvignon. Padthaway está situado al norte de Coonawarra y es famoso por sus blancos también aromáticos (ya que aquí, además, también se cultiva el gewürztraminer).

Nueva Gales del Sur es la segunda región productora de Australia. Las zonas más famosas son Hunter Valley, Mudgee y Riverina. Hunter Valley se encuentra al norte de Sídney, y consigue ofrecer unos chardonnay y sémillon verdaderamente grandes. Mudgee halla su mejor expresión en el sémillon, también largamente madurado, pero es asimismo el lugar de los mejores cabernet-sauvignon del país. En Riverina se producen vinos fortificados.

Victoria se sitúa junto al océano y sus regiones de Yarra Valley, Geelong y Mornington Valley tienen climas frescos y muy estables, perfectos para cultivar los pinot noir y los chardonnay. Las zonas más interiores, como Central Victoria, Goulburn Valley, Pyrenees y Grampians, prefieren uvas tintas, entre las que destaca la shiraz.

TASMANIA Y AUSTRALIA OCCIDENTAL

Tasmania es una isla situada al sur de Australia, que ha destacado en el mundo del vino recientemente. Como ocurre con la región de Australia Occidental, en la práctica se la considera aparte del resto de zonas australianas por hallarse a miles de kilómetros y presentar condiciones climáticas y geológicas muy distintas. Las mejores zonas de estas regiones se encuentran alrededor de Perth, siempre con variedades internacionales, aunque las más bellas son Margaret River y Swan Valley, donde se producen blancos con uvas chenin blanc y muscadelle pero también con verdelho (una variedad portuguesa). En la Great Southern Region, en el extremo meridional, también encontramos vinos elaborados a partir de pinot noir y chardonnay.

SUDÁFRICA, UN LUGAR INSÓLITO

omo es de sobra conocido, el clima y la latitud a la que se encuentra hacen que África no sea un continente productor de vino. Con una excepción: Sudáfrica. De hecho, la zona meridional de este país se halla al sur de los 30° de latitud, una exposición que permite el cultivo de la uva. La viticultura nació y se extendió aquí desde Ciudad del Cabo. Ocurrió en torno al siglo XVII, cuando los neerlandeses, que gestionaban el comercio entre Europa y la India, tuvieron necesidad de vino para las tripulaciones que se detenían en el cabo de Buena Esperanza. En 1685 se fundó la bodega más importante de la historia enológica de Sudáfrica: Constantia. Durante mucho tiempo, los vinos de Constantia fueron una excepción, siendo los únicos del llamado Nuevo Mundo, reputados y muy buscados también en Europa. Eran sobre todo vinos dulces y blancos. Con los años, tras superar la filoxera y otros golpes alternos de fortuna, ha llegado a nuestros días un panorama ecológico de gran valor y singularidad. La zona productiva más conocida sigue siendo Constantia, la más veterana situada justo en el cabo de Buena Esperanza, donde el clima fresco y las corrientes del Atlántico son una auténtica panacea para las uvas. El vino dulce de moscatel de Alejandría resulta indispensable, aunque también son muy buenos los blancos elaborados con chardonnay y sauvignon blanc, además de los tintos de variedades internacionales. Stellenbosch, al este de Constantia, es famoso por la calidad de sus tintos y por su célebre uva pinotage. Paarl, al norte de Stellenbosch, es notable por sus espumosos y sus vinos fortificados, elaborados según el método del jerez. Franschhoek, por su parte, es un antiguo asentamiento de los hugonotes franceses, por lo que sus uvas, como la sémillon, muy utilizada, son de origen transalpino.

Otras zonas vinícolas que cabe mencionar son Hermanus, al sur de Ciudad del Cabo, famosa por sus vinos a base de pinot noir, y Durbanville, al oeste de Paarl, donde se producen sobre todo blancos. Finalmente, cabe citar también Worcester, Klein Karoo, Mossel Bay, Elgin y Walker Bay.

LA VARIEDAD PINOTAGE

En 1925, Abraham Izak Perold, primer profesor de viticultura de la universidad de Stellenbosch, decidió utilizar los viduños pinot noir y cinsaut (entonces conocido como hermitage) para llevar a cabo un cruce y acabó creando, en realidad, una variedad nueva.

El trabajo de Perold, junto a su sucesor, Charlie Niehaus, se basaba en el hecho de que a la pinot noir le costaba mucho ofrecer buenos resultados en el clima sudafricano, por lo que intentó introducirle componentes estructurales más resistentes, derivados de la cinsaut, que facilitaran su crecimiento. De la existencia de esta curiosa variedad, que revela una identidad local muy potente, sin embargo, el mercado internacional solo se percató desde los años ochenta del siglo pasado.

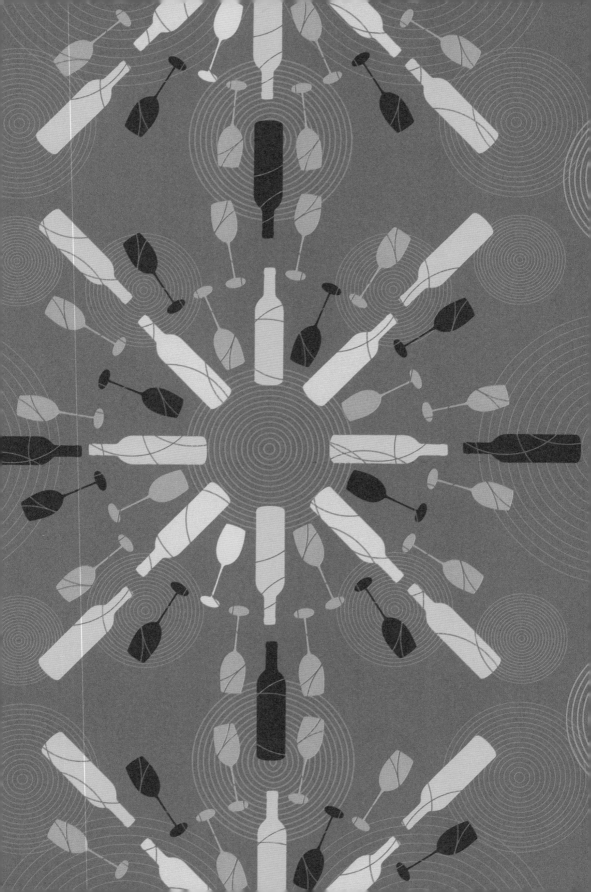

LA CORDILLERA DE CHILE

Quienes hicieron llegar hasta Chile la vid y la cultura del vino, hacia comienzos del siglo XVI, fueron los misioneros españoles, que probablemente injertaron plantas procedentes de México o de Perú. Su objetivo era instrumental, ya que necesitaban producir vino para oficiar en la liturgia cristiana. A partir de aquí, y al menos durante cuatro siglos, la viticultura chilena fue prerrogativa del clero. La primera variedad cultivada fue la país, que todavía pervive aunque más bien ofrece vinos de mala calidad. Poco después de su independencia (1817), el francés Claude Gay fundó una especie de hacienda experimental en 1830 para reforzar todos los cultivos, entre los cuales la vid. Esto posibilitó la presencia de viñas previas a la filoxera, así que Chile es precisamente el único país vinícola del mundo en el que este desgraciado pulgón disruptivo no ha aparecido nunca, como tampoco el oídio. A mediados del siglo XIX, el fenómeno de la migración trajo hasta aquí plantas y vinos europeos. Desde entonces, atravesando vicisitudes políticas, sociales y económicas de signo diverso, el país siempre ha tenido en gran consideración su producción vitícola. Y desde mediados de la década de 1980 ha conseguido afianzarse de manera sólida y estable entre los mejores países productores del mundo.

Actualmente las variedades que se cultivan son sobre todo las internacionales. Las áreas vitícolas se extienden por valles enormes que siguen la conformación orogénica de la cordillera desde Valparaíso hasta Biobío. Pero lo que resulta un auténtico maná para la viticultura es el clima: las corrientes del océano Pacífico, por un lado, y la cadena montañosa de los Andes, por el otro, garantizan un clima templado y moderado. Las temperaturas casi nunca superan los 30 °C y las noches de verano son a menudo muy frescas. Las zonas vitícolas más reputadas se hallan hacia el norte, en los valles del Aconcagua y de Casablanca; en la región central se sitúa el Valle Central, formado por los valles del Maipo, Rapel, Curicó y Maule. Al sur están las dos macro áreas de Biobío e Itata, de menor importancia respecto a las anteriores, donde se producen generalmente vinos de gran consumo. Pero la región vinícola más célebre de Chile es el valle del Maipo, próxima a Santiago y una de las más antiguas del país. El valle de Casablanca, sobre el océano Pacífico, produce sobre todo vinos blancos de uvas chardonnay y sauvignon. Mientras que en el del Aconcagua brillan con luz propia los mejores cabernet-sauvignon, carmènere y merlot.

LOS VINOS DEL MAIPO

Con el tiempo, el valle del Maipo se ha revelado muy adecuado para el cultivo de las variedades bordelesas. Aquí se producen sobre todo vinos tintos, a menudo con un bajo rendimiento de las viñas, que recuerdan los de Napa Valley. En el Maipo Alto, los viñedos se disponen a lo largo de las pendientes de los Andes y quedan así muy expuestos a los vientos de las montañas. El frío intenso de los montes y el terreno poco fértil, por último, han favorecido la producción de algunos de los mejores tintos chilenos: Almaviva, Aurea Domus, Casa Real, Haras de Pirque y Viñedo Chadwick.

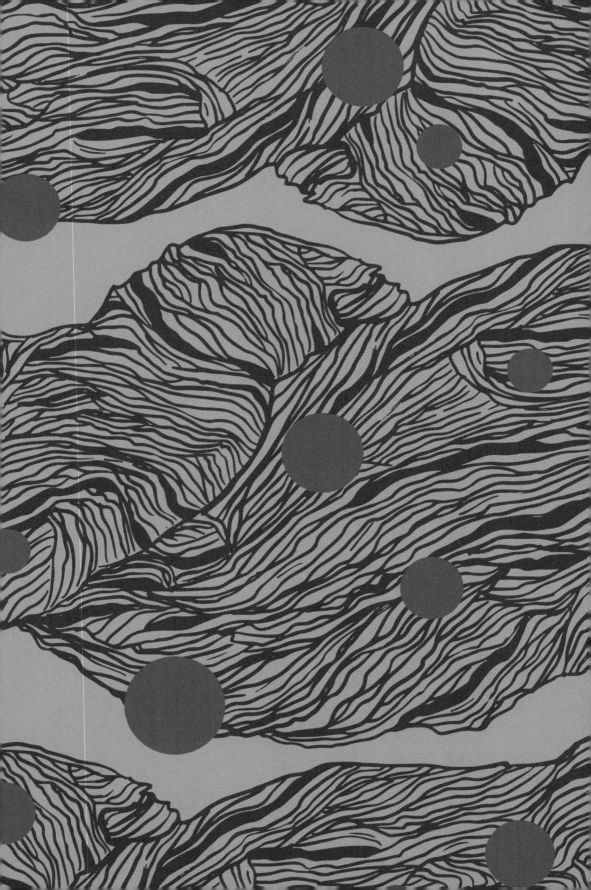

LA ARGENTINA
DEL MALBEC

E l origen de la cultura de la vid en Argentina es común al de otros países de América Latina: los españoles llevaron hasta allí las viñas europeas para producir vino, al principio para su uso en las funciones litúrgicas. Sin duda alguna, la primera zona que adquirió cierta relevancia fue la que rodea la ciudad de Mendoza, favorecida por el clima de la precordillera y por la presencia masiva de agua procedente de la disolución de los glaciares y de las nieves andinas. Pero solo se empezó a producir vino de manera extensiva a partir de finales del siglo XIX, gracias a los enormes flujos migratorios que desembarcaron aquí particularmente desde Italia y España.

La variedad de uva más importante del país es la malbec, llegada de Cahors, al sur de Francia, y totalmente aclimatada hasta haberse convertido en la variedad emblemática de Argentina. También se cultivan la tempranillo, la torrontés, la bonarda, la sangiovese, la barbera y muchas otras, que conviven, además, con variedades internacionales como la merlot, la cabernet-sauvignon y la chardonnay.

Los viñedos del país se cuentan entre los más altos del mundo, hasta el punto de que en algunas zonas se encuentran por encima de los 2.000 metros: esto es posible gracias a la latitud, al clima y a la cantidad de agua y de luz. Las regiones de referencia se hallan sobre todo al oeste, hacia la precordillera: Mendoza, San Juan, La Rioja y Salta. Otros lugares interesantes son Jujuy, Catamarca y el valle del Río Negro, una zona al sur del país. Mendoza concentra el 70% de la producción total argentina, si contamos también las dos áreas contiguas de Luján del Cuyo y Maipú. La segunda región vinícola es San Juan, si bien su clima tórrido no siempre garantiza una producción de alto nivel cualitativo. Por su parte, La Rioja es la más antigua del país y produce vinos blancos básicamente a partir de la variedad torrontés.

LAS UVAS ARGENTINAS

Las primeras uvas implantadas en Argentina fueron la criolla grande y la cereza, caracterizadas por una piel de color rosado que, mezcladas con otras uvas, producen sobre todo ingentes cantidades de vino blanco destinado al consumo interno, con frecuencia comercializado en cartones *bag in box*. Estas variedades dominaron el panorama ampelográfico argentino durante varios siglos, pero hoy Argentina es conocida en todo el mundo por la malbec, una variedad de uva tinta de origen francés, cultivada principalmente en la zona de Burdeos y en la de Cahors, que se ha ganado una enorme aceptación. El malbec argentino presenta sin duda un perfil organoléptico bien distinto al de su gemelo francés: los taninos son más suaves y aterciopelados y resulta mucho más denso y concentrado, con matices de fruta madura, guindas y ciruelas; en resumen, un vino de gran concentración que, en cualquier caso, se aconseja consumir generalmente joven.

LA CRIOLLA URUGUAY

En Uruguay, la historia del vino y de la uva se remonta a mediados del siglo XVII. Las primeras vides llegaron desde España y se trasplantaron en la región del suroeste del país. Se trataba, con toda probabilidad, de uvas de la variedad moscatel normalmente utilizadas para vino de mesa de consumo familiar. Pero con la declaración de independencia de 1825, Uruguay se convirtió en un importante país productor. Debemos a Pascual Harriague el cultivo de la variedad francesa tannat en más de doscientas hectáreas al norte del país. Este viduño es hoy un auténtico símbolo del Uruguay enológico, que con el tiempo ha acabado por conocerse como harriague, en honor de aquel inmigrante vasco. De forma prácticamente contemporánea, Francisco Vidiella comenzó a plantar otras variedades de origen europeo en el sur. La uva francesa folle noire, más tarde conocida como vidiella peñarol, fue la escogida para Villa Colón, una pequeña localidad hoy absorbida por Montevideo. En 1880 se añadió una tercera cepa al panorama enológico uruguayo, el gamay noir, introducido en la región de Carrasco, cerca de Montevideo, en donde se refieren a ella, genéricamente, como «burdeos». A partir de aquí siguieron otros cultivares, como el cabernet-sauvignon y los españoles bobal, garnacha y monastrell, además de los italianos barbera y nebbiolo.

Actualmente existen en Uruguay nueve zonas vinícolas: Norte, Litoral Norte, Noreste, Litoral Sur, zona Central, zona Centroriental, Suroeste, Sur y Sureste. Las regiones meridionales, que albergan el 90% de los viñedos, gozan de un clima muy influido por el mar, con suelos medianamente profundos. El Suroeste, con el 5% de los viñedos del país, y la zona Litoral Sur están influidos climática y geológicamente por el río Uruguay. La tierra tiene una mayor profundidad y presenta un drenaje óptimo. Las áreas centrorientales, centrales y meridionales de la cuenca se hallan condicionadas por la presencia del río Negro, con terrenos que combinan lodos finos y rocas. En la zona Norte y Noreste (los departamentos de Artigas y Rivera), el fuerte calor y la intensa luz son los elementos determinantes de unos vinos corpulentos y con volumen.

EL TANNAT

El tannat es, sin duda, el viduño principal de Uruguay. Nacido en el sur de Francia, se ha demostrado que se ha adaptado perfectamente al clima y a la geología de su «nuevo» país de adopción. En realidad, aquí ha encontrado su casa y ha exhibido una personalidad del todo nueva en su color y en su estructura, con unos taninos suaves y aterciopelados: en esto es bastante distinto de su homónimo en su patria de origen, y en concreto del de Madiran e Irouléguy, en el País Vasco francés. Hoy en día, la superficie cultivada con tannat en Uruguay constituye un tercio del total de los viñedos, y quizá sea también por esto por lo que es reconocido en todo el mundo como el vino emblemático del país.

TAMBIÉN EN BRASIL

Se sabe que la vid desembarcó en Brasil con las expediciones colonizadoras de Martin Afonso de Souza, en 1532, si bien el primer registro histórico de cultivo de viñas aparece a mediados del siglo XVII asociado a las misiones jesuitas llegadas desde Argentina. A partir de aquí, los colonos de las Azores introdujeron en el XVIII variedades de uva que difícilmente sobrevivieron al calor y la humedad del país. El híbrido labrusca isabella fue la primera que resistió el clima brasileño. En el XIX, los emigrantes italianos implantaron viduños de barbera, bonarda, moscatel y trebbiano en las alturas de la Serra Gaucha, al noreste del río Grande. Y después de 1840 llegaron también otras cepas desde los Estados Unidos. La industria del vino moderna se inicia en la década de 1970, cuando algunas empresas internacionales comenzaron a importar variedades de calidad, especialmente chardonnay, sémillon, riesling itálica, gewürztraminer, cabernet-sauvignon, cabernet franc y merlot. En los años ochenta, muchos pequeños propietarios agrícolas trabajaron para afinar técnicas y habilidades enológicas. Actualmente, Brasil es el tercer productor de América Latina, tras Chile y Argentina; sin embargo, el consumo interno no ha superado todavía los dos litros per cápita y la cultura del vino ha comenzado a formar parte de los hábitos locales, con una curiosidad creciente, solo en los últimos años.

Los vinos brasileños suelen tener un estilo fresco y agradable, con delicadas notas afrutadas y una graduación alcohólica moderada. La viticultura está presente en nueve estados distintos. A excepción del Vale do São Francisco, la mayor parte de las regiones productoras se encuentran en el extremo sur del país, en los estados de Rio Grande do Sul y Santa Catarina, donde sus condiciones climáticas se han revelado como las más idóneas para el cultivo de la vid. Serra Gaúcha es el área vinícola más grande e importante y se caracteriza por una viticultura que es sobre todo familiar. Las variedades principales de uvas tintas que se cultivan aquí son la cabernet-sauvignon, la merlot, la cabernet franc, la tannat, la ancellota y la pinot noir. Por su parte, los principales viduños de uvas blancas son riesling itálica, chardonnay, prosecco, moscatel y malvasía, que confieren a los vinos unos aromas frescos con un equilibrio óptimo de azúcares y ácidos.

Otras áreas de producción son Campanha y Serra do Sudeste, donde el clima es moderado, con veranos secos, largas jornadas de sol y grandes variaciones de la temperatura entre la noche y el día. La baja fertilidad del suelo favorece una maduración equilibrada de las uvas, con elevada concentración de azúcares, aromas y polifenoles. São Joaquim y el Vale Rio Peixe son las regiones que cuentan con las mejores alturas. Los viñedos se encuentran entre los 900 y los 1.400 metros y el clima riguroso condiciona la vendimia, que se lleva a cabo generalmente entre marzo y abril.

EL VALE DO SÃO FRANCISCO: LOS VINOS TROPICALES

Es esta la única zona vinícola que no se encuentra en las regiones meridionales de Brasil, sino al este de las centrales, entre los estados de Pernambuco y Bahía. Aquí se encuentran las mayores extensiones de viñedos del mundo en zona tropical. Se trata de una vasta llanura con un clima extremadamente seco, donde el cultivo de la uva solo es posible mediante riego artificial. Las temperaturas medias oscilan entre los 20 ºC del invierno y los 35 ºC del verano. El aire casi árido y la larga exposición de las uvas al sol ayudan a obtener racimos con elevados niveles de azúcar y, por lo tanto, muy afrutados. La curiosidad relativa a esta área es que aquí se llevan a cabo dos vendimias anuales. El suelo alcalino, de bajo rendimiento, permite una producción de alta calidad. Las variedades tintas principales son la syrah, la aragonez (tempranillo) y la cabernet-sauvignon, mientras que las blancas son la chardonnay, la chenin (pinot blanc), la malvasía blanca y la moscatel.

LOS ESTADOS UNIDOS, EN PÍLDORAS

E s dificilísimo pensar en una visión de conjunto que recoja por completo el panorama vinícola de un país tan enorme como los Estados Unidos de América. A nivel mundial, es el cuarto país productor de vino, con California como región enológica de referencia, en donde se concentra más del 90% del total producido. En la parte occidental cabe mencionar otros estados con producciones relevantes, en particular Oregón y Washington, y en la oriental, otros como Nueva York, Virginia, Pensilvania y Ohio que están dando significativos pasos hacia delante en la producción de calidad. Las variedades cultivadas son casi exclusivamente las llamadas internacionales: la cabernet-sauvignon, la merlot, la pinot noir, la sauvignon o la chardonnay. La excepción destacada es la zinfandel, una variedad profundamente arraigada en California, hasta el punto de considerarse un viduño local, cuyo origen genético la vincula al primitivo de la Apulia italiana y la plavac mali croata. Hacia el sur también se encuentran algunas producciones interesantes en Texas, y en Arizona se elaboran buenos ejemplos a partir de cabernet franc, petit verdot y cabernet-sauvignon. Misuri tiene fama de producir vinos con las uvas norton, un híbrido americano de piel tinta. Pensilvania y Rhode Island completan el cuadro con los chardonnay, los gewürztraminer y los pinot noir, mientras que en Ohio, por su parte, destacan los riesling y los cabernet-sauvignon.

OREGÓN Y EL PINOT NOIR

Aunque el interés por la región vitivinícola de Oregón, conocido también como Beaver State (es decir, «estado de los castores»), es relativamente reciente, puede decirse que desde que comenzó a destacar en la década de 1960 se ha ganado la atención de los focos del mapa internacional del vino. Se la ha considerado incluso la región vinícola más joven y prometedora del mundo. Situada entre el estado de Washington, al norte, y el de California, al sur, se caracteriza por la abundante presencia de productores artesanales (*craft*), auténticos garajistas. El 58% de la superficie cubierta de vides está dedicada al viduño pinot noir, aunque también hay una buena presencia de otras variedades, entre las que destacan la pinot gris, la chardonnay y la riesling. Entre las numerosas áreas subregionales, hay que citar sin duda Willamette Valley, Dundee Hills, Ribbon Ridge, Chehalem Mountains, Eola-Amity Hills, Walla Walla Valley, Columbia Gorge y Rogue Valley. La primera de las mencionadas, Willamette Valley, se halla en la parte más septentrional del estado, la zona más adecuada para la producción de pinot noir. Aquí, la vocación de algunos estudiantes de la universidad de California, combinada con el apoyo de inspirados enólogos locales, llevaron al cultivo de esta variedad en las décadas de los sesenta y setenta tomando a la Borgoña como modelo. Desde entonces, el pinot de Oregón ha pasado a considerarse hoy un clásico que presenta un color rojo cereza intenso, con unas tonalidades elegantes de guinda, confitura de fresa y rosa silvestre, grosella, ciruela, regaliz, musgo, trufa negra y grafito.

EXUBERANTE NAPA (VALLEY)

A no más de una hora en coche hacia el norte de San Francisco, se extiende el exuberante *wine country* que configura el territorio de Napa. Situado al norte de la bahía de San Pablo, el valle se insinúa tras las cadenas montañosas de Vacas y de Mayacamas. La historia vitivinícola de la región se remonta al siglo XIX, si bien sus estándares productivos solo se elevaron en términos cualitativos en la década de 1960. El clima, la geología y la topografía son sus elementos característicos. La bahía genera una niebla matutina que las colinas de las North Coast Ranges vehiculan tierra adentro para extenderse por el valle. Sin estas condiciones el clima del distrito seguramente sería mucho más caluroso y resultaría casi imposible obtener estructura y equilibrio en sus vinos. Sin embargo, la niebla se disuelve antes de alcanzar las partes más altas del valle, lo que permite que estas se beneficien de los efectos refrescantes de la altitud para mantener el equilibrio vegetativo en el interior de los viñedos. Los padres fundadores de la vinificación y del estilo del Napa Valley fueron George C. Yount, John Patchett y su enólogo, Charles Krug. También cabe mencionar a los hermanos Beringer, con una de las haciendas vinícolas más antiguas de California. Y a Robert Mondavi, que fundó la suya en 1966 y está considerado uno de los pioneros de la industria vinícola moderna de Napa.

NAPA Y LA CABERNET-SAUVIGNON

La cabernet-sauvignon se ha desarrollado aquí como variedad hasta convertirse en el principal intérprete del clásico Napa Cab, el vino arquetípico del Napa Valley, un tinto exquisito madurado en barricas de roble (a menudo novísimas), con aromas de grosella negra, regaliz, vainilla y chocolate. También está presente la merlot, pero se utiliza principalmente como componente de ensamblaje para elaborar vinos al estilo del tinto de Burdeos: el vino Meritage o con el típico *coupage* bordelés (cabernet-sauvignon, merlot y cabernet franc). Si bien únicamente ocupa una pequeña parte de la superficie de los viñedos, la zinfandel desempeña un papel importante, ya que las colinas que dominan el fondo del valle posibilitan el ambiente cálido y seco en que esta variedad identitaria de California se puede expresar mejor. Aunque de manera exigua, los vinos blancos también están presentes y aportan elementos de discrepancia estilística a las fincas. Hubo una época en que el cultivar más difundido era el riesling, pero ahora ha quedado substituido casi por completo por el sauvignon blanc y por el chardonnay.

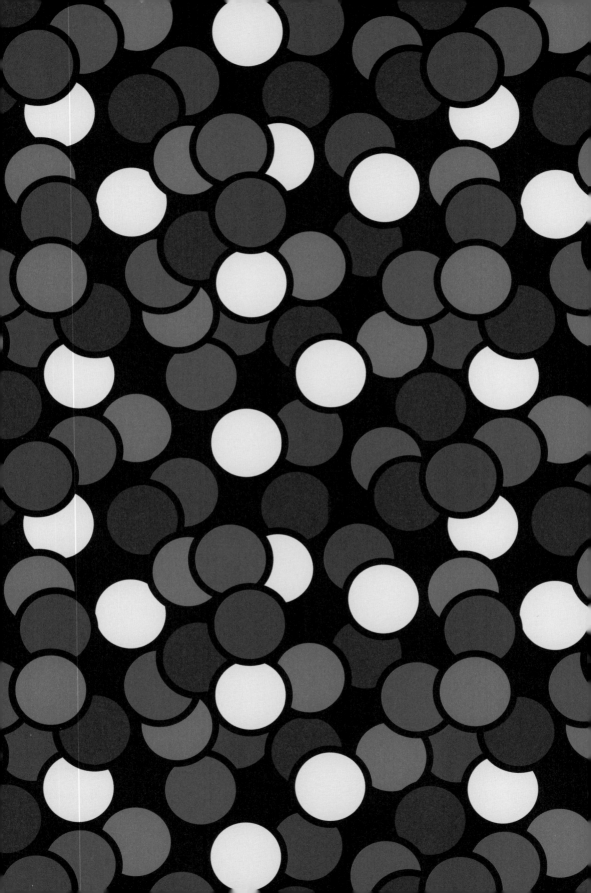

Nº

VINOS
DE
EUROPA

FRANCIA

LA CHAMPAÑA, UNA REGIÓN FASCINANTE

La Champaña: un nombre que evoca el placer del vino con burbujas más conocido y renombrado del mundo. Un mito con siglos de historia que ha iluminado acontecimientos de grandiosidad extraordinaria, pero también pequeños instantes de felicidad familiar. La Champaña es la región de Francia que ha dado nombre a este espumoso y en donde se producen desde hace quinientos años los vinos con burbujas más prestigiosos del mundo.

En este territorio la tierra, las piedras y las colinas tienen una composición única: el yeso y las fosilizaciones marinas son la morada en la que se apoyan y crecen las viñas. Presumiblemente hace setenta millones de años, el mar que cubría esta área geográfica se retiró y regaló al suelo unas estratificaciones calcáreas (llamadas *craie*) que llegaban a superar los doscientos metros de altura. Más adelante, hace unos quince millones de años, a causa de un terremoto se abrieron unos pliegues enormes entre estas montañas de yeso, que se mezclaron con la tierra y con otros muchos minerales. Esta idiosincrasia connota fuertemente la uva y el vino de la zona. El yeso del subsuelo absorbe el calor de los rayos solares durante el día, mientras que la noche lo va liberando lentamente. Además de eso, regula muy bien el flujo de las aguas, pues las contiene cuando son excesivas y las libera en caso de sequía. Asimismo, la tierra secunda los factores atmosféricos y climáticos: por una parte, con un sol menos fuerte que en el resto de las regiones idóneas para la viticultura -pues la Champaña se encuentra en la zona norte de Francia-, por otra parte, mecida por el aire del océano que, a pesar de los bosques y colinas, no tiene dificultad en llegar hasta allí. Esto genera un perfecto microequilibrio territorial que contribuye a determinar la finura de las uvas, con una acidez notable que permite una larga conservación del vino y una elegancia en sus aromas. Pero ¿de qué uvas estamos hablando?

La chardonnay (de grano blanco), que aporta frescura, delicadeza y alma a los ensamblajes. Si se vinifica pura (lo que se conoce como Blanc de Blancs), produce vinos ligeros, ideales como aperitivo o para empezar las comidas. La pinot noir (tinta) confiere cuerpo y espesor a los ensamblajes, aunque se resiente especialmente de la variabilidad climática. Vinificada sola o con la pinot meunier da origen al Blanc de Noirs. Esta última, la pinot meunier (también tinta) aporta a los vinos aromas frutales e inmediatez gracias también a una acidez limitada. Con frecuencia sirve para ligar los dos caracteres, habitualmente irreconciliables, de la chardonnay y de la pinot noir.

LOS 17 GRAND CRU DE LA CHAMPAÑA

Cru no significa solamente «viñedo». Con el paso del tiempo, el término se ha imbuido de un significado muy complejo y difícilmente traducible a una sola palabra.

El vocablo contiene la idea de notoriedad, originalidad y calidad de un viñedo, y también expresa las mejores características de un terreno concreto, de las variedades de uva que se cultivan allí y de las uvas que también allí se recogen. En la Champaña, la escala de los *crus* sirve para indicar la clasificación de un viñedo según una tasa porcentual cualitativa respecto al mejor, al que se le atribuye el 100%. Existen 17 *crus* al 100% (Grand Cru) y son los siguientes: Ambonnay, Avize, Aÿ, Beaumont-sur-Vesle, Chouilly, Cramant, Bouzy, Louvois, Mailly, Le Mesnil-sur-Oger, Oger, Oiry, Sillery, Puisieulx, Tours-sur-Marne, Verzenay y Verzy.

EL CHAMPÁN: SITIOS PRODUCTORES

La Champaña es extensa y ancha. Comprende distintas áreas geográficas y diferentes departamentos. El Aisne forma parte de la región de la Picardía: el nombre del departamento deriva del río homónimo que discurre por su territorio y lo atraviesa de este a oeste. La zona está constituida por altiplanos de escasa altura o por cadenas de colinas separadas por valles con ríos y torrentes y el paisaje es rico en bosques. Climáticamente, la zona pertenece a la región parisina, con escasa oscilación térmica y un tiempo húmedo y variable.

El valle del Marne se caracteriza por una elevada presencia del pinot meunier, con el que se elaboran vinos simples e idóneos para beber en seguida, sobre todo en la vertiente que va desde Épernay hasta Château Thierry. En la parte más oriental (desde Cumières hasta Mareuil-sur-Ay), el pinot noir es particularmente expresivo y en los grandes años demuestra una longevidad notable.

La montaña de Reims es la zona de los Grand Cru de pinot noir: Ambonnay y Bouzy son los lugares más completos y armoniosos, mientras que en Verzy y en Verzenay, sobre terrenos más fríos, se obtienen vinos más nerviosos a los que a menudo hace falta suavizar con cierta cantidad de chardonnay, una variedad que, a su vez, encuentra sus zonas más adecuadas en Villers Marmery, Trepail y Sillery. Al otro extremo, además de la pinot noir, destaca una buena pinot meunier, sobre todo en Ludes y en Rilly-la-Montagne.

La Côte des Blancs, por su parte, es el reino de los grandes chardonnay, elegantes, delicados y frescos, que asumen connotaciones más o menos incisivas según el estilo de las fincas. Chouilly, Avize, Cramant, Oger y Le Mesnil-sur-Oger son los municipios más adecuados (Grand Cru).

Côteaux Sud de Épernay es una zona de transición entre la Côte des Blancs y el Vallée de la Marne, mientras que la Côte de Sézanne, considerada durante mucho tiempo la prolongación de la Côte des Blancs, vive hoy un feliz momento de expresión propia. Aquí también predomina el chardonnay, aunque tampoco faltan pinot noir muy dignos. Montgueux es un montículo en la periferia de Troyes y un enclave de chardonnay finos y cítricos. El Aube está dividido en dos subzonas, la Côte des Bar y el Barséquanais, y ha sido siempre un lugar de abastecimiento para las grandes *maisons*, especialmente por sus pinot noir más delicados. Aquí mismo, una nueva generación de enólogos está volviendo a poner hoy de moda un discurso a la borgoñona con rendimientos más bajos e interesantísimas vinificaciones parcelarias.

EL DOSAJE DE LOS CHAMPANES

Inmediatamente después del degüelle, llega el momento del «dosaje». Se trata de añadir el así llamado *licor de expedición* (jarabe de dosaje), un concentrado que se prepara con azúcar de caña (600-700 g/litro) y vinos envejecidos, que permitirá obtener las diferentes calidades de champán que se desean. Son:

- Semiseco: entre 33 y 50 g/l.
- Seco: entre 17 y 35 g/l.
- Extra dry: entre 12 y 20 g/l.
- Brut: menos de 12 g/l.
- Extra brut: entre 0 y 6 g/l.
- Para un contenido inferior a 3 gramos, se pueden utilizar las siguientes denominaciones: brut nature, brut sauvage, ultra brut, *pas dosé* (sin dosaje), *dosage zéro* (dosaje cero) o *zéro*.

LA BORGOÑA, PUREZA Y PASIÓN

Una lengua de tierra vertical, un poco irregular, que acompaña el dulce inicio de las colinas expuestas a la salida del sol, en la celebérrima Côte d'Or, que empieza en Dijon y llega hasta Dezize-lès-Maranges. Es la región del mundo que más invita a reflexionar sobre los matices: diversidad y variabilidad. El desarrollo pedológico de estas tierras, fragmentado por las formaciones de fallas, determina diferencias significativas incluso a pocos metros de distancia. Una grieta del terreno puede representar una discrepancia geológica de millones de años y, en consecuencia, una diferencia significativa en los matices de los distintos vinos.

Es habitual subdividir esta área en dos grandes zonas: la Côte de Beaune y la Côte de Nuits. Ambos son lugares mágicos, expuestos, respectivamente, hacia el sur y hacia el sureste. Los suelos son la auténtica y extraordinaria riqueza sobre la que se apoyan estas viñas y cada uno debe su formación a una serie distinta de acontecimientos geológicos que han estratificado fósiles, piedras calizas, arenas, arcillas, yesos y margas. Los Grand Crus se encuentran sobre todo en lo más alto de las colinas, donde las cuestas son más empinadas y los suelos son calcáreos, duros y de gran profundidad. Concretamente, en la Côte de Beaune nos encontramos con:

- Aloxe-Corton, uno de los tres *villages* en las pendientes de las montañas de Corton, en el extremo norte de la Côte. Aquí las mejores zonas se hallan en las cuestas onduladas sobre suelos de margas y calcáreas.
- Pernand-Vergelesses: un área geográfica en la conjunción de dos valles distintos, donde se producen vinos muy finos, magros, secos y tánicos, pero también muy potentes.
- Corton-Charlemagne: señoras y señores, he aquí uno de los *crus* más adecuados para la uva chardonnay. La historia supone que el propio Carlomagno hacía que elaboraran aquí vinos blancos para él, para no mancharse la barba con los tintos, pues parece que bebía en exceso y de manera tosca. Más allá del mito, el potencial de envejecimiento de los blancos más célebres del mundo es aquí verdaderamente extraordinario.
- Pommard es una zona mucho más conocida, con terrenos de calizas friables idóneos para el cultivo del pinot noir. Los vinos que se producen aquí son muy pigmentados, tánicos y más bien austeros.
- Volnay: la delicadeza veteada de los vinos de Volnay, elegantes y con notas de frutos rojos y morados, es célebre en todo el mundo. Descendiendo desde el norte, nos encontramos con tres *villages* del pinot noir: Saint-Romain, Auxey-Duresses y Monthélie, para después desembocar en el municipio de Meursault, la *appéllation* que produce más chardonnay de toda la región. Aquí no se da ningún Grand Cru, sino tres famosísimos Premier Crus: Les Perrières, Les Genevrières y Les Charmes; increíble, no hay nada más que decir.

LOS CHARDONNAY DE MONTRACHET

El viaje por la la Borgoña debe, necesariamente, hacer una parada aquí, en Puligny-Montrachet, y que levante la mano
quien no haya oído nunca este nombre.
Es el lugar del chardonnay por antonomasia (y cuya superficie no llega ni a la
mitad de la de Meursault), con unos vinos añejados que brotan de las mágicas
viñas de los Grand Crus: Montrachet,
Bâtard-Montrachet, Bienvenues-Bâ-
tard-Montrachet y, sobre todo, Cheva-
lier-Montrachet. La vinificación en madera se combina de manera extraordinaria
con las cualidades de la uva, que extrae
sus esencias de los minerales del suelo
y acaba creando magia. Y luego llega
Chassagne-Montrachet, que delimita los
confines de la patria de los blancos en el
sur de la Côte de Beaune, entre los municipios de Puligny-Montrachet y Sante-
nay. Aquí los blancos son habitualmente
muy florales y secos.

LA BORGOÑA,
LA CÔTE DE NUITS

En la Côte de Nuits, recorriendo la carretera en dirección norte, el municipio mayor y que da nombre a la zona es Nuits Saint-Georges. Su fama es universal y, si bien entre sus viñas no está presente ningún Grand Cru, aquí se encuentran algunos Premier Crus verdaderamente interesantes, como Saint Georges, Aux Boudots y Les Pruliers. Solo nos separan tres kilómetros de Vosne-Romanée, el pueblo más celebrado del mundo del vino. Innumerables visitantes se acercan hasta aquí cada año para cruzar el viñedo más singular y extraordinario que existe con un silencio religioso. Como en un museo a cielo abierto, en el que encuentran su espacio la arquitectura, la artesanía y la cultura, pero también el estudio, el trabajo y la tradición. Romanée-Conti no es solo una hectárea abundante en viña, sino también el fruto de una evolución sinérgica entre el hombre y la vid que ha encontrado aquí una cima celestial inalcanzable. Sus vinos son de los más austeros y longevos de la región, y precisan de tiempo y espíritu de observación. Más allá del inaccesible Romanée-Conti, entre los Grand Crus son memorables La Tâche, Romanée-Saint-Vivant, Richebourg, Grands Echézeaux y Echézeaux. Raros pero emocionantes son los Premier Crus Malconsorts y Aux Brulées. Un discurso aparte merece el viñedo más fraccionado del mundo, el Clos Vougeot, donde las diferencias de interpretación pueden regalar sorpresas entusiastas, aunque no siempre positivas.

A 3.000 metros todavía nos encontramos Chambolle-Musigny, con casi todos sus 300 habitantes implicados en el mundo del vino. Se ha llegado a pensar que es el pueblo ideal, con un Grand Cru sublime, el Musigny, otro compartido con Morey-Saint-Denis, el Bonnes Mares, y un Premier Cru disparatado y maravilloso, Les Amoureuses. Aquí existe también una pequeña parcela de Musigny Blanc, el único Grand Cru blanco de la Côte de Nuits. Morey-Saint Denis es un centro distinto, la localidad de las viñas cercadas, de los Clos, como ocurre en las parcelas más interesantes de la Champaña: Clos de Lambrays, Clos de Tart, Clos Saint-Denis y Clos de la Roche. Algunos de ellos forman parte de un *monopole* (Grand Crus pertenecientes a una única bodega). A pocos minutos están Gevrey-Chambertin. Sus Grand Crus más célebres, básicamente el Chambertin o el Chambertin Clos de Béze, brillan como estrellas indiscutibles en el Olimpo de los vinos más finos y complejos del mundo.

También la Côte Chalonnaise, la zona de Mâconnais, de Beaujolais y de Chablis, son áreas de gran interés que por razones de espacio solo podemos citar, a pesar de estimarlas.

EL PINOT NOIR DE LA BORGOÑA

En la Borgoña existen alrededor de 46 clones distintos de pinot noir y no hay duda de que los más ricos en sustancias colorantes y polifenoles se encuentran en la Côte de Nuits: vinos de una profundidad y una armonía extraordinarias, e impregnados de especias, de calor y, respetando siempre la variedad, de taninos. Están considerados los mejores vinos tintos del mundo por su sensualidad y su fascinación.

BURDEOS, HISTORIA Y TRADICIÓN

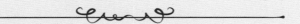

Burdeos ha sido, es y continúa siendo un punto de referencia, una piedra miliar de la enología mundial. Burdeos es intelecto, razón, racionalidad y compostura, elegancia absoluta y armonía. La grandeza enológica de Francia ha pivotado durante diez siglos casi exclusivamente alrededor de los vinos de esta región, una historia posible gracias a unas condiciones ambientales y climáticas particulares, que han permitido tanto el desarrollo de una producción enológica de calidad como un comercio floreciente, orientado en particular hacia la vecina Inglaterra. Aquí, como ya hemos mencionado, se producen vinos que se cuentan entre los más costosos y renombrados del mundo, y es precisamente aquí donde se generó el modelo enológico más imitado, y no solo para la producción de vinos tintos, sino también de los mohosos o botritizados.

A pesar de que los vinos más destacados de Burdeos son célebres en todo el mundo, constituyen una mínima proporción en la producción total de esta región. El resto, aproximadamente 650 millones de botellas al año, no gozan de la misma fama, pero también se consideran buenos vinos, y a un precio interesante.

La región de Burdeos se halla en la costa occidental, junto al océano Atlántico, y sus características climáticas están mayormente reguladas por el estuario de la Gironda y por los dos ríos que recorren toda la zona: el Dordoña y el Garona. Y es precisamente a estos dos cursos acuáticos a los que se debe su desarrollo comercial: los puertos que se encuentran junto a la Gironda permitían que los navíos mercantes atracaran con facilidad y se abastecieran de vino. Tras la carga, los barcos partían hacia Inglaterra. Las condiciones ambientales del territorio son favorables para el cultivo de la vid: los bosques aíslan la región de un clima que, de otra manera, sería bastante riguroso y las corrientes de los ríos, junto con la influencia del océano Atlántico, atemperan y aseguran estabilidad.

EL MÉDOC

La zona del Médoc, la más famosa de Burdeos, se encuentra al norte de la región, junto al estuario de la Gironda, y se subdivide en dos: la zona norte ostenta el mismo nombre que la región (Médoc), mientras que la parte más al sur toma el de Haut-Médoc, y es justamente en esta área donde se encuentran las zonas enológicas más interesantes y famosas. Aquí se hallan los célebres municipios de Saint-Estèphe, Pauillac, Saint-Julien y Margaux (las denominaciones más buscadas y prestigiosas del territorio), así como la mayoría de los *châteaux* más renombrados.

Saint-Estèphe es, en efecto, la primera localidad relevante que nos encontramos al norte del Haut-Médoc. Sus vinos se caracterizan por una estructura robusta y por su tanicidad y requieren de largos periodos de maduración para alcanzar la plena madurez. Poco más allá, los caldos de Pauillac presentan una finura y una elegancia encantadoras y dan lo mejor de sí mismos tras madurar en botella incluso durante más de diez años. Más al sur está Saint-Julien, cuyos vinos tienen fama por su estructura firme, por su clase y por su finura. Poco después, a la orilla de la Gironda, hallamos Margaux, uno de los *villages* más célebres, con unas condiciones particulares del suelo que aportan a sus vinos elegancia y finura, pero también una estructura y profundidad increíbles. Es lo que suele llamarse técnicamente «multidimensionalidad».

BURDEOS, LAS UVAS DE LA SINERGIA

C ontinuando con nuestra visita ideal a las denominaciones bordelesas cabe mencionar Les Graves, al sur del Médoc. Su producción puede dividirse entre vinos blancos y tintos a partes iguales. La zona es conocida por una composición muy favorable del suelo, de la que se deriva su nombre (*graves*, «guijarros»). Aquí, en las mismas inmediaciones de la ciudad de Burdeos, se encuentra el área de Pessac-Léognan y más hacia el sur de Les Graves, siguiendo el curso del río Garona, los dos municipios más famosos para la producción de vinos dulces y mohosos: el sauternes y el barsac. La producción de estos dos territorios se concentra casi exclusivamente en uvas atacadas por la podredumbre noble, la *Botrytis cinerea*. De hecho, gracias a la influencia húmeda de los ríos Garona y Ciron, las dos localidades presentan las condiciones perfectas para el desarrollo de este hongo. Los vinos dulces que se producen de esta manera son elegantes y revelan un equilibrio sorprendente, así como una gran complejidad aromática y gustativa.

En la parte oriental de la región, bastante lejos del estuario de la Gironda, se halla Saint-Émilion. Esta zona pertenece al Libournais y serpentea a lo largo del curso del río Dordoña; aquí se producen exclusivamente vinos tintos. Contrariamente al área del Médoc, en el *terroir* de Saint-Émilion predominan las colinas, condición que marca fuertemente el estilo de los vinos que se producen, para los cuales se utiliza principalmente, o por lo menos de forma muy mayoritaria, la variedad merlot.

Siempre en la región del Libournais, al oeste de Saint-Émilion, se encuentra Pomerol, considerada una de las zonas vinícolas más famosas e importantes del mundo. Como en la vecina Saint-Émilion, también en Pomerol la producción comprende exclusivamente vinos tintos y las variedades de uva principales son la merlot y la cabernet franc. Gracias a las condiciones ambientales y al uso todavía mayoritario de la merlot, aquí los vinos son aterciopelados, elegantes y suaves; extraordinarios.

LAS OTRAS ZONAS DEL BORDELÉS

La región está compuesta por decenas de denominaciones menos renombradas. Al este de la ciudad de Burdeos se encuentra la amplia área de Entre-Duex-Mers, en la que se producen sobre todo vinos blancos secos a partir de uvas sémillon, sauvignon blanc y muscadelle. Más al sur nos encontramos con Cérons, Loupiac y Sainte-Croix-du-Mont, unas zonas de vinos dulces elaboradas también con sémillon, sauvignon blanc y muscadelle. Al norte de la ciudad de Burdeos se hallan las áreas de Côtes de Bourg y Côtes de Blaye, con unas parcelas en las colinas que son de las más antiguas de la región y en las que se producen vinos tintos, poco exigentes y en absoluto comparables a los del Médoc, principalmente a partir de la variedad merlot. Finalmente, al oeste de Pomerol se encuentran las dos denominaciones Fronsac y Canon-Fronsac, en las cuales se elaboran exclusivamente vinos tintos de uvas merlot y cabernet franc con pequeños complementos de cabernet-sauvignon.

ALSACIA
O LA AROMATICIDAD

C ien kilómetros de viñas que se extienden por trece mil hectáreas al nordeste de Francia, hasta las puertas de Estrasburgo. El clima es semicontinental, muy soleado y
seco, con la protección al oeste de la cadena montañosa de los Vosgos, que frena las
corrientes atlánticas. La escasa pluviosidad permite un ciclo vegetativo bastante largo, que
determina la posibilidad de cosechas tardías. Todo ello colabora en favor del desarrollo de
aromas particularmente finos y de gran persistencia. Además, la variabilidad extrema en la
composición del suelo (de granito, calizas, gres y esquistos) confiere personalidades diversas
a los viduños que aquí se cultivan. Las principales variedades de uva son de piel blanca. La
sylvaner, bastante precoz, da origen a vinos ligeros, secos, delicadamente afrutados y versá-
tiles para consumir jóvenes. La pinot blanc combina frescura, suavidad y un contenido moderado de aromaticidad; y también se utiliza como base espumante para el Crémant d'Alsace. El riesling es el vino que manifiesta mejor las características del suelo sobre el que se
cultiva. Generalmente ácido y nervioso en su juventud, cuando evoluciona desarrolla una
gran complejidad y demuestra fuerza y elegancia, persistencia y mineralidad. El muscat
tiene sensaciones muy vivas de frutos primarios, pero sin la dulzura característica del resto
de los moscateles. Es un aperitivo agradable. Si se cultiva adecuadamente, la variedad pinot
gris produce vinos corpulentos pero igualmente frescos. También se presta a una recolección
tardía y a veces está manchada de podredumbre noble. Aunque, entre los vinos de la región,
el que manifiesta más claramente la aromaticidad es el gewürztraminer. Las vendimias tardías
y la selección de las variedades de uvas más nobles producen grandes.

   La pinot noir encuentra aquí unas condiciones climáticas distintas, con lo que da sustancia a vinos de cuerpo medio para consumir jóvenes; si se vinifica bien, se convierte en un
caldo muy fiable «para todo tipo de comida». Uno de los problemas principales de los vinos
alsacianos es que resulta difícil saber lo que nos espera cuando abrimos una botella que no
hemos probado antes. A partir del año 2001 se creó una escala de valores del uno al cinco en
función de la percepción gustativa de los azúcares residuales, que aparece en la etiqueta, y
que está vinculada a una aproximación global al vino, a su equilibrio general, a su materia
(residuos de azúcar y alcohol), a su concentración, a su acidez y a su suavidad.

LAS DENOMINACIONES ALSACIANAS

Las denominaciones alsacianas van generalmente acompañadas por la indicación de la variedad de uva y por los términos siguientes:

- Alsace Grand Cru (solo para el muscat, el riesling, el gewürztraminer y el pinot gris): identifica vinos procedentes de zonas estrictamente limitadas (cerca de 50) que están indicadas en la etiqueta junto con la variedad de la uva y a la añada.
- Alsace Vendanges Tardives y Selection de Grains Nobles: los primeros provienen de las mismas variedades que los Grand Crus, pero se recogen con la estación ya avanzada, cuando la deshidratación parcial del grano de uva concentra los jugos, lo que determina una fuerza expresiva y una dulzura mayores; los Selection de Grains Nobles se obtienen a partir de uvas tocadas por la podredumbre noble (*Botrytis cinerea*), que caracteriza la recolección y le otorga unas notas características (que recuerdan al sauternes).
- Crémant d'Alsace: se obtiene a partir de la toma de espuma propia del método tradicional (la segunda fermentación en botella) a partir de vinos habitualmente elaborados a base de pinot (blanc, gris y noir).

EL LOIRA,
A LA ORILLA DEL RÍO

En el centro norte de Francia, a lo largo de este río se pueden seguir más de mil kilómetros de viñas que dan origen a una gran multiplicidad de vinos: un frente muy ancho, de este a oeste, con terrenos y variedades muy heterogéneos. El clima es un factor que condiciona con mucha fuerza la calidad de la uva, y aquí se asocia al efecto de las oscilaciones térmicas y de la humedad debido precisamente al curso del Loira. Los viduños de uva blanca encuentran en estas condiciones su ambiente ideal. Gracias a la acidez natural que la caracteriza, la chenin blanc da origen a cuatro estilos de vino del todo distintos: secos, amables, dulces y espumosos. La cabernet franc es de origen bordelés, pero hace siglos que está implantada en diversas zonas de la región. Según la latitud y el clima, aquí se expresa en vinos más magros y más nerviosos que los de Burdeos. En cualquier caso, los indicios herbáceos que lo identifican están siempre presentes. Las uvas tintas, en cambio, aquí solo alcanzan niveles interesantes en algunas zonas y con condiciones climáticas favorables. La grolleau, la gamay, la malbec (aquí llamada côt) y la pinot noir son las variedades que forman parte, habitualmente en el ensamblaje, de las *appellations* Anjou, Touraine y Sancerre.

Recordemos las denominaciones más importantes: las magníficas laderas de margas y calizas de Sancerre, Morogues y Pouilly-sur-Loire son adecuadas para un sauvignon de una finura extrema. El terreno magro y silíceo, más un clima sujeto a cambios repentinos de temperatura, da lugar a vinos nerviosos y elegantes, con aromas característicos e inigualables. El Coteaux du Loir, junto a Jasnières, es el único viñedo del departamento del Sarthe, que ha renacido después de haber desaparecido prácticamente del todo durante los años setenta. Las viñas están plantadas sobre una arcilla silícea cubierta por toba volcánica. La variedad pineau d'Aunis, mezclada con la cabernet, la gamay y la côt (malbec), da lugar a tintos ligeros y afrutados. Jasnières es el Cru del Coteaux du Loir, bien delimitado en una única vertiente orientada hacia el sur. En el Coteaux du Vendômois nos volvemos a encontrar con una uva antigua, la pineau d'Aunis, con la que se producen los *vin gris* originales, con aromas de pimienta. La única blanca es la chenin. Frente a Mont-Louis se encuentra Vouvray, que se caracteriza por la profundidad de sus arcillas silíceas recubiertas de arena, con vinos apropiados para producir espumosos.

SANCERRE Y POUILLY-FUMÉ

Sancerre se encuentra en la orilla occidental del río Loira. En esta zona hay viñedos estupendos, con *terroirs* compuestos por sedimentos de yeso y de silicio; los mejores son Le Grand Chemarin, Chêne Marchand y Clos de la Poussie.

Por su parte, en la orilla oriental del río se encuentra la ciudad de Pouilly-sur-Loire, célebre por la producción del Pouilly-Fumé. Los terrenos de esta zona son más ricos en calcáreas, una característica decisiva para el aroma pronunciado de pedernal de sus vinos, que habitualmente se fermentan en recipientes de acero y cemento, precisamente para realzar sus características.

EL LOIRA, OTRAS ZONAS

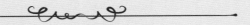

Reemprendemos nuestro viaje «ideal» en los alrededores de la ciudad de Tours, en la antigua región de la Touraine, situada desde Montsoreau, al oeste, hasta Blois y Selles-sur-Cher hacia el este.

La toba volcánica aflora aquí raramente y lo que domina es la arcilla. Hay que tener en cuenta que si los vinos que proceden de suelos con toba volcánica tienen aptitudes para el envejecimiento durante las añadas buenas, son más afrutados, en cambio, si se insiste en hacer crecer las viñas sobre suelos de grava y arena. Así pues, entre las variedades tintas destaca la gamay (muy usada también para elaborar vinos jóvenes), que resulta espesa y con mucho sabor acompañada de la cabernet y de la côt. Los blancos, principalmente a base de sauvignon, se vinifican secos. Bourgueil es una *appéllation* de tintos, quizá también de rosados, con el uso exclusivo de la cabernet franc (conocida aquí como breton). En Saint-Nicolas-de-Bourgueil, el cabernet es muy reconocible gracias a una frescura y una ligereza notables. El área de Chinon se mueve alrededor de la antigua ciudad medieval, en la patria de Gargantúa y Pantagruel, y los viñedos están dispuestos en las terrazas de guijarros de Véron, en las más arenosas del valle de Vienne y en las laderas del valle de Sazilly. Aparte de un 1% de vino blanco a base de chenin, el resto es tinto o rosado a base de cabernet franc.

Saumur es la denominación de los espumosos (60%), sobre todo en las fincas más extensas. Completan el cuadro el resto de uvas típicas de toda la región, mientras que en Saumur-Champigny la protagonista sigue siendo la cabernet franc, completada a veces con la cabernet-sauvignon. En casi doscientos municipios del ducado de Anjou se producen algunos de los vinos dulces o *moelleux* más peculiares del mundo, en cuya elaboración predomina claramente la chenin blanc.

Chaume es un pequeño enclave donde se elaboran vinos con residuos de azúcar (que aquí no pueden ser inferiores a 68 g/l, ni el alcohol puede estar por debajo de los 16º). Todavía en esta zona, nos encontramos con Côteaux de l'Aubance. Igual que el Layon, un poco más hacia el oeste, el Aubance es un pequeño afluente de la orilla izquierda del Loira que está rodeado de rocas de esquisto sobre las que viven viñas de la variedad chenin, de rendimientos bajísimos, ideales para los blancos dulces de largo envejecimiento.

Situado en el margen derecho del Loira, a quince kilómetros de Angers, Savennières se distingue por la producción de blancos secos que envejecen de maravilla. Roches-aux-Moines y Coulée-de-Serrant son dos de los Cru más renombrados y famosos. Finalmente, próximo a la desembocadura del río en el Atlántico, se encuentra la patria de la melón de la Borgoña, la muscadet de Sévre-et-Maine.

LA MUSCADET (... DE MAIGRET)

La uva muscadet, que se produce en el *Pays nantais* hacia la desembocadura atlántica del Loira, y que es una denominación alternativa de la variedad melón de la Borgoña, hace solamente sesenta años se usaba para elaborar unos *vins de pays* fáciles. Presentes en las garrafas de todos los bistrots y *bars à vin* de Francia, le encantaban al inspector Maigret, el personaje literario de Georges Simenon, que apreciaba su sencillez y lo bien que combinaban con los *coquillages*. Actualmente es un vino de éxito que goza de gran reputación. Es fácil apreciarlo gracias a su estructura esbelta y generalmente se toma como aperitivo o con el marisco de la costa atlántica norte.

EL RÓDANO NORTE

Partiendo desde el sur de Lyon hasta Aviñón, el valle del Ródano revela una infinidad de matices debida a la extrema diversidad de las variedades de uvas que allí se cultivan y a los innumerables estilos de vinificación, todos ellos respetuosos con las características peculiares de cada uno de los distintos suelos: una identidad geográfica que no se corresponde con una identidad de territorio. La syrah, la garnacha, la monastrell, la cinsault, la marsanne, la roussanne o la viognier, por citar solamente algunos nombres de variedades, son las actrices principales de la región.

Este conjunto de viñedos importantes, majestuosos y heterogéneos, a menudo identificado como Côtes-du-Rhône, se encuentra en el sur de Francia y se compone de dos sectores geográficos muy distintos entre sí. Los viñedos septentrionales se extienden sobre una superficie de aproximadamente 3.300 hectáreas cultivadas, con las *appéllations* Côte-Rôtie, Condrieu, Château-Grillet, Saint-Joseph, Cornas, Saint-Péray, Hermitage, Crozes-Hermitage y Diois.

Côte-Rôtie es una denominación de la syrah, variedad que se cultiva sobre todo en la orilla derecha del Ródano. Aquí el estilo de vinificación es fino pero intenso, la marca distintiva de este viduño, reconocible a menudo porque sus fragancias evocan las de la violeta.

Condrieu es un lugar especialmente dedicado a la viognier, una uva de gran aroma que genera vinos corpulentos y frescos, apreciados por sus toques afrutados y golosos en su juventud, si bien más allá de los diez años se afina con matices minerales y de hidrocarburos.

Château-Grillet es una denominación enteramente dedicada a la variedad viognier, generalmente madurada con tiempo y comercializada más tarde que la de la vecina Condrieu, revelando así la identidad de este viduño en toda su potencialidad.

Saint-Joseph es una franja de tierra larga y estrecha (que en realidad se extiende hasta casi 80 km), en la orilla derecha del Ródano, de la que proceden unos syrah secos, con cuerpo y de gran fuerza, así como unos blancos más bien robustos elaborados a partir de uvas marsanne (algunas veces mezcladas con la variedad roussanne).

CROZES-HERMITAGE Y HERMITAGE

Crozes-Hermitage es la más extendida de las *appéllations* del norte y la única, junto a Hermitage, de la orilla izquierda del río: aquí los tintos en general son para beberlos jóvenes, cuando se busca la fragancia.

¿Qué más se puede decir de uno de los Crus más excepcionales de Francia? El vino hermitage, el syrah por antonomasia, afinado por las manos de los grandes productores, revela su valor excepcional durante su larguísimo periodo de maduración. Pero también se encuentra el mismo concepto en los vinos blancos: maduración en bodega para una plenitud aromática completa y compleja.

EL RÓDANO SUR

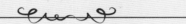

El área meridional del Ródano revela una unidad geográfica más marcada que la anterior; se extiende por casi 75.000 hectáreas de viña en *terroirs* heterogéneos y complejos, nacidos de la convergencia de los depósitos aluviales del río y de los de sus afluentes alpinos. A diferencia de los viñedos septentrionales, que se despliegan en una estrecha franja vertical a lo largo del río, los meridionales forman una especie de círculo alrededor de la ciudad de Orange. El surtido de variedades de estos últimos es el más complejo de Francia. Mayoritariamente, los tintos y los rosados se elaboran con garnacha, un cultivar con cuerpo y calor, con syrah y con mourvèdre (nuestra monastrell), que refuerzan la acidez y el color, así como con cinsaut, ideal para los rosados, y con cariñena, con los que se producen sobre todo *cuvée* de ensamblaje, con personalidad y un gran volumen. Para los vinos blancos, con frecuencia amplios y envolventes, se utiliza la variedad clairette, la garnacha blanca, la bourboulenc, la marsanne y la roussanne.

El Rodano Sur cuenta hasta con 15 *appéllations*: además de las dos genéricas regionales que también se encuentran aquí (Côtes-du-Rhône y Côtes-du-Rhône Villages), las más importantes son otras cinco: Châteauneuf-du-Pape, Gigondas, Vacqueyras, Lirac y Tavel.

Tavel se encuentra en los límites entre el Ródano y el Languedoc, y es la única denominación dedicada enteramente a un vino rosado. Casi siempre rico y complejo, tiene un gran valor gastronómico y hay que incluirlo entre los mejores vinos de Francia. Lirac, denominación situada en el departamento de Gard, produce sobre todo vinos blancos florales y afrutados con una buena persistencia en boca, así como tintos interesantes con cuerpo y tesitura que pueden dejarse envejecer. Gigondas, situada al pie de las Dentelles de Montmirail, nos regala vinos tintos potentes y corpulentos, ricos y especiados, muy interesantes aunque menos famosos que los de la vecina Châteauneuf-du-Pape, la niña de los ojos del patrimonio vitícola del Ródano meridional y uno de los *terroirs* franceses más importantes. Vacqueyras, finalmente, se despliega a lo largo del río Ouvèze. Aquí se producen principalmente vinos tintos rústicos y tradicionales.

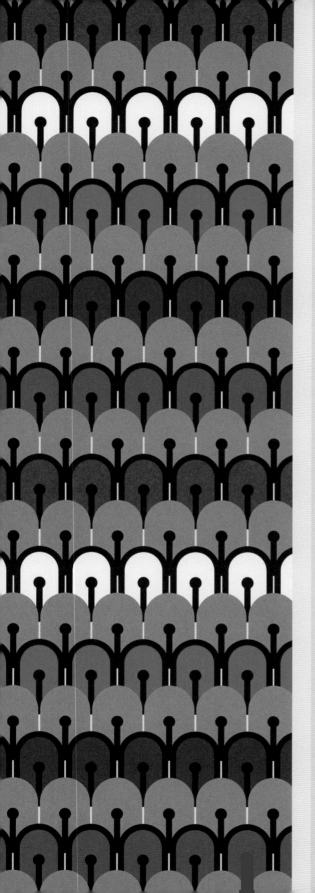

EL CHÂTEAUNEUF-DU-PAPE

Aviñón fue residencia pontificia a partir del papado de Juan XXII, una figura decisiva para los vinos de esta zona porque mandó recuperar bancales de tierra que habían pertenecido a los templarios y, gracias a los campesinos del lugar, los transformó en viñas, con lo que se impulsó el desarrollo de los viñedos de Châteauneuf-du-Pape. Nos referimos al periodo histórico conocido como Gran Cisma de Occidente, que a finales del siglo XIV enfrentó a las jerarquías eclesiásticas y confinó a Aviñón. El vino, tal como lo «vemos» hoy, nació en 1937, asociado al símbolo de un escudo con una tiara papal colocada sobre las llaves de san Pedro. Este emblema está enmarcado por la leyenda «Châteauneuf-du-Pape» en letras góticas. El atractivo de este caldo, además de su nombre, reside en la composición geológica del terreno en donde se origina: suelos pedregosos con sedimentos y dispuestos en terrazas, ricos en arenisca y grava sobre un substrato calcáreo. También es importante el clima, de influencia mediterránea: cálido, seco, árido y ventoso, y también mitigado por los soplos del mistral, que además de moderar las temperaturas contribuye a asegurar una perfecta salud de las uvas.

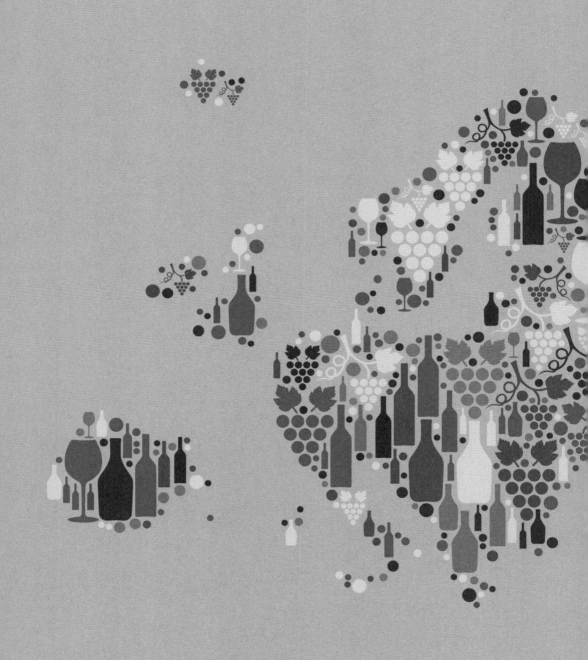

EL RESTO
DE EUROPA

PORTUGAL, MIRANDO AL ATLÁNTICO

El mar es el elemento distintivo del Portugal vitícola, que para Europa es un país de alto valor cualitativo, aunque cuente con un volumen cuantitativo pequeño: una superficie de viñedos de 200.000 hectáreas y una producción de aproximadamente 6 millones de hectolitros al año. Es casi una quinta parte de lo que produce España, por ejemplo. La historia de su viticultura coincide con la de la península ibérica, en la que el cultivo de la uva introducido per los cartagineses se implementó en el marco de la dominación romana. Durante el periodo árabe, la viticultura atravesó un momento de decadencia, pero más adelante las relaciones comerciales con Inglaterra hicieron crecer la producción, especialmente cerca de los puertos: el oporto y el madeira son los protagonistas indiscutibles de la historia del vino portugués. A mediados del siglo XIX, la filoxera destruyó casi todas las plantaciones, lo que provocó, junto al aislamiento político del país hasta 1974, un profundo atraso enológico. El mundo del vino arrancó de nuevo solo en la década de 1980 y actualmente está revelando una enorme potencialidad cualitativa. La mayor parte de las variedades portuguesas se cultivan desde antiguo, ya que se remontan a la época de los fenicios y de los cartagineses; en el caso de los blancos, cabe destacar la alvarinho, la bual, la códega, la encruzado, la gouveio, la loureiro, la malvasía fina, la pedernã, la rabigato, la sercial, la trajadura, la verdelho y la viosinho. Y, en el caso de los tintos, la alfrocheiro preto, la aragonez (tempranillo), la azal tinto, la baga, la bastardo, la jaén, la periquita, la tinta barroca, la tinta da barca, la tinta negra mole, la tinta roriz, la tinto cão, la touriga francesa, la touriga nacional, la trincadeira preta y la vinhão.

La zona principal de producción del país es el Douro, donde se produce el oporto. La región se extiende junto al curso del río Duero y constituye la continuación natural de las regiones vinícolas españolas situadas a lo largo del mismo río. El oporto se elabora interrumpiendo su fermentación, cuando está a punto de llegar a su fin. Entonces se añade alcohol etílico o brandi, lo que provoca la neutralización de las levaduras. Así se obtiene un vino por lo general dulce, con un 10% de azúcares residuales y un grado alcohólico de 20°. Los oportos tintos se elaboran con las uvas tinta barroca, tinta roriz, tinto cão, touriga francesa y touriga nacional.

TIPOS DE OPORTO

El tipo base es el *ruby*, madurado en barrica durante dos o tres años y elaborado con las uvas menos preciadas, procedentes de la parte meridional del Duero. Los *tawny* jóvenes se dejan madurar en barrica aproximadamente durante tres años. En cambio, los envejecidos pueden quedarse hasta treinta años. Los *vintage* son ensamblajes de distintas añadas y calidades que luego maduran en barricas durante cuatro o seis años. Los Late Bottled Vintage (LBV) reposan entre cuatro y seis años en botella. Los Traditional Late Bottled Vintage, producidos durante las mejores añadas, reposan en barricas durante cuatro años para madurar luego largamente en botella. Los oportos más celebres e importantes son sin duda los *vintage* (o bien Single Quinta Vintage, procedentes de una única propiedad), que indican siempre la añada y solo se producen durante los *millésimes* excepcionales; únicamente se pasan dos años en madera y luego muchos más madurando en botella. Además, también existen los oportos blancos, menos difundidos y mucho menos apreciados, que se producen con uvas blancas códega, gouveio, malvasía fina, rabigato y viosinho.

PORTUGAL, LUGARES INSÓLITOS

ás allá de la región del Douro, ya mencionada, al extremo norte del país, en la frontera con España, se encuentra la del Minho. Aquí el vino más famoso es el *vinho verde*, donde el término «verde» no se refiere al color, sino al hecho de que casi no esté maduro y sea, por lo tanto, idóneo para el consumo fragante y fresquísimo, para beber durante el mismo año de su producción. Otras zonas que cabe mencionar sumariamente son: el Dão, al sur del Douro, donde se producen sobre todo tintos a partir de uvas touriga nacional, tinta roriz, alfrocheiro preto, jaén y bastardo; la Bairrada, en la región central de Portugal, y el Alentejo, una zona interior más meridional donde se cultivan las uvas periquita, aragonez y trincadera preta.

Al norte de Lisboa existen ocho denominaciones, aparte del Vinho Regional Lisboa. Por orden alfabético, son: Alenquer, Arruda, Bucelas, Carcavelos, Colares, Encostas de Aire, Obidos y Torres Vedras, además de Lourinha, solo para el brandi. Al noreste de la capital, en el centro del país, discurre la DOC Do Tejo. A lo largo del río Tajo, produce vinos tintos y blancos, por lo general fáciles de beber. Al sur de Lisboa, en la península del mismo nombre, se halla la DOC Setubal, hogar de los célebres moscateles dulces. Aquí también, en la península Palmela, se producen vinos óptimos: unos tintos que proceden principalmente del viduño castelão y algunos blancos. La región más meridional del país, que se extiende a lo largo de la costa del Algarve, alberga las DOC Portimão, Lagoa, Lagos y Tavira, pero en los comercios también se encuentra la denominación Vinho Regional Algarve. Finalmente, no hay que olvidar que también se produce vino en las lejanas islas Azores, en tres DOP: Pico, Graciosa y Biscoitos; y también se comercializa la denominación de Vinho Regional Açores.

EL MADEIRA

Madeira, una isla atlántica rocosa, de origen volcánico y barrida por el viento que se encuentra a unos 850 kilómetros al sur de Portugal, es un ejemplo logrado de viticultura heroica. Generalmente, las viñas se encuentran aquí plantadas en agujeros sobre las escarpadas y empinadas riberas. La historia del madeira está vinculada al transporte del vino por mar y se remonta a finales del siglo XVI. En aquella época, los vinos locales no estaban fortificados, y después del transporte en las bodegas de los barcos, donde se alcanzaban altísimas temperaturas ecuatoriales, acababan «cocidos, hervidos» y completamente oxidados, de manera que se optó por añadir brandi durante el estado fermentativo, tal como se hacía con el oporto. Hoy en día este tipo de cocción no se deja a las bodegas de los barcos ni al calor, sino que se produce de manera controlada en estufas especiales en un proceso que toma el nombre de *estufagem*, o bien de forma natural en locales adecuados expuestos al recalentamiento solar. El vino permanece allí de tres a siete meses (aunque también años, si se somete a maduración natural) a temperaturas de aproximadamente 40-45 ºC. Las barricas en las que madura están parcialmente vacías para favorecer la oxidación. Para el madeira se utilizan uvas blancas como la bual, la malmsey, la sercial y la verdelho. Los madeiras de tres años se llaman Finest o Choice, mientras que los de cinco, diez o quince son Reserve, Special Reserve y Extra Reserve, y maduran en botella. Los Vintage Madeira se elaboran únicamente con uvas de la añada indicada en la etiqueta y reposan al menos durante veinte años después de haberse sometido al *estufagem*.

ITALIA, UN MOSAICO DE TIERRAS Y DE VINOS

El Bel Paese presenta una diversidad enológica extraordinaria gracias a su gran variedad de climas y microclimas, desde el valle de Aosta hasta Pantelaria.

En este territorio heterogéneo surgen distintas uvas, vinos, estilos y vinificaciones. En el Piamonte, el barolo, la máxima expresión de la variedad nebbiolo: hacia La Morra, más elegante y afrutado, hacia Serralunga, más potente y longevo, y en Barbaresco, refinado y con aromas que recuerdan a los de las violetas. En el caso de los blancos, recordemos las regiones del Trentino-Alto Adigio y del Friuli, con su malvasía, su ribolla gialla y su tocai friulano, además de los sauvignon y los chardonnay, y luego tenemos los vinos de la costa, tanto la adriática como la tirrena: el verdicchio de Castelli di Jesi, la falanghina, el greco de Tufo o el fiano de Avellino, sin olvidarnos de los viduños de las islas: inzolia, grecanico, catarratto...

Las uvas de piel tinta más típicamente italianas son: la lambrusco de la Emilia Romaña, animada y con aguja; la aglianico de la Vulture, en suelos volcánicos; las nerello mascalese y cappuccio, en las laderas del Etna; la negroamaro de la Apulia; las sangiovese toscanas, que contribuyen a la producción del chianti y del Brunello di Montalcino; las uvas vénetas con que se elabora el Amarone della Valpolicella (corvina, molinara, rondinella); la teroldego y la marzemino del Trentino, y la schiava y la lagrein del Alto Adigio, además de las barbera y las dolcetto del Piamonte, la montepulciano de los Abruzos, la carignano y la cannonau de Cerdeña (nuestras cariñena y garnacha) y la nero d'Avola de Sicilia. También en Italia, tras años de «internacionalismo» encendido en busca de vinos técnicamente perfectos, pero con frecuencia siempre iguales, hoy se buscan productos más genuinos. Vinos que hablen de su tierra, del clima, de las lluvias, del frío o del calor tórrido, de la vendimia precoz o tardía... Una fotografía más auténtica.

LA VARIEDAD NEBBIOLO

Considerada la variedad reina de las uvas italianas, con ella se producen, precisamente, el barolo y el barbaresco. Se cultiva en las Langhe y en el Roero, en la provincia de Cuneo, en el Canavese y sobre todo en el municipio de Carema, en la provincia de Turín, en el Biellese, en el alto Vercellese y en el Novarese. También está presente en Asti. Más allá de sus límites piamonteses, se extiende por la baja Val d'Aosta, la Valtellina y la Franciacorta. Es una variedad con gran facilidad para mutar y la propagación clonal durante cientos de años ha dado lugar a diferentes selecciones. Las principales son la spanna, la picotèner, la prunent y la chiavennasca, además de la lampia, la rosè, la michet (el trío a partir del cual se elabora el barbaresco) y la pignolo.

Si bien las nebbiolo se utilizan a veces para la producción de vinos jóvenes de maceración carbónica y hasta el siglo pasado servían para elaborar vinos especiales (dulces, espumosos y aromatizados), son uvas indicadas para vinos estructurados y con cuerpo. Una crianza más o menos larga ofrece, en líneas generales, una amplia complejidad de matices gustativos y olfativos.

LOS GRANDES VINOS DE LA PENÍNSULA

La Toscana es un rincón del paraíso... enológico. Y el Brunello di Montalcino es su vino más prestigioso. Más allá del río Orcia, en la parte oriental de la región, se encuentra el Vino Nobile de Montepulciano, siempre a base de sangiovese, aquí llamado prugnolo gentile. El chianti Classico es quizá el vino italiano más conocido en el mundo. La última denominación de origen asignada es la del Morellino di Scansano, el vino emblemático de la Maremma. Y luego están los *supertuscans* de Bolgheri, una zona del litoral de Livorno que se hizo famosa a partir de los años ochenta gracias a sus notorios e importantes vinos de corte bordelés. El Amarone della Valpolicella es uno de los vinos más reputados y conocidos del mundo. Se elabora dejando marchitar las uvas de las tres variedades típicas de Valpolicella: la corvina (45-95%), la rondinella (5-30%) y el corvinone (hasta un máximo del 50% en sustitución de la corvina). En el ensamblaje se acepta hasta el 25% de variedades de uvas tintas, autorizadas por la provincia de Verona, de las cuales hasta un 15% pueden ser genéricas no aromáticas y un máximo del 10% autóctonas de Valpolicella, con hasta el 10% de cada una de estas variedades (en la práctica, la variedad molinaria, que ya no se menciona en la mezcla). El área de producción cubre toda la franja piamontesa de la provincia de Verona, desde el lago de Garda hasta casi el límite con la provincia de Vicenza. El marchitamiento de las uvas dura aproximadamente tres meses, y en realidad es posible vinificar a partir del primero de diciembre del mismo año de la vendimia. En el pasado, este método se llevaba a cabo tradicionalmente sobre los bastidores utilizados para el cultivo del gusano de seda (llamados *arèle*).

Hoy en día está práctica ha caído en desuso en favor de los *fruttai*, unos lugares ventilados donde las uvas reposan en cajones de plástico y están a cubierto de los peligros de la humedad. El Amarone debe salir de aquí tres años después de la vendimia, mientras que para el Riserva se necesitan cuatro. La montepulciano de los Abruzos típica de esta región ofrece vinos ricos, con volumen, estructurados e intensos. Su color es rojo rubí con reflejos morados, y la nariz percibe claramente las notas de frutas del bosque y especias, mientras que el paladar revela una trama densa, profundidad, buena estructura y persistencia.

LA AGLIANICO DEL VULTURE

El carácter volcánico del monte Vulture caracteriza en gran medida el vino que allí se produce con esta uva, que es en general más estructurado, tánico y generoso que el aglianico de Taurasi (Campania), aunque quizá menos delicado, complejo y longevo. Curiosamente, está documentado que en esta zona, tal vez propiciado por las características del vino y de la variedad de la uva, casi todos los productores apuestan por la maduración en barrica. Finalmente, cabe señalar la versatilidad de esta variedad, que tanto se presta a vinificaciones para tintos como a espumaciones con el método tradicional.

AUSTRIA, EL PERFUME DEL PRADO

L
as cifras del vino en Austria se pueden resumir de la siguiente manera: de los cerca de 20.000 viticultores existentes, solo 6.000 venden su vino embotellado, y de las aproximadamente 45.000 hectáreas cubiertas de viñedos, el 70% son de variedades de uva blanca. La más cultivada es la grüner veltliner (cerca del 36%), seguida de la zweigelt, la blaufränkisch y la riesling.

En este país, la clasificación del vino es una materia bastante compleja. Basada en el modelo germánico vigente durante la segunda guerra mundial, la legislación austriaca del vino ha sufrido modificaciones importantes que con el tiempo la han llevado a uniformizarse con las directivas europeas. En general, se maneja una ordenación basada en el origen de las uvas y en el contenido de azúcar del mosto, expresado en KMW, una unidad de medida parecida al grado Oechsle alemán. Partiendo de la franja cualitativa más baja, nos encontramos con *Wein ohne Herkunft*, vino de uvas austriacas sin indicación de la zona de procedencia; *Landwein*, vino de mesa procedente de una de las tres macrorregiones austriacas, y *Qualitätswein/herkunfttypischer Qualitätswein* (DAC), vino de calidad de orígenes particulares. Las uvas deben proceder exclusivamente de uno de los 16 distritos vinícolas específicos de Austria, entre los que sobresale el Wagram, subdividido a su vez en dos zonas distintas que comprenden en conjunto 2.400 hectáreas de superficie cubierta de vides. Se extiende a lo largo de 30 kilómetros por la parte norte del Danubio, hasta el límite del Kamptal, el altiplano de Wagram propiamente dicho. En épocas prehistóricas, esta zona estaba cubierta por el mar, por lo que su subsuelo, formado por estratos profundos de *loess*, es rico en sedimentos minerales y en fósiles. Actualmente, la combinación del terreno y del microclima, influenciado por el propio de la llanura panónica, con noches frías y días cálidos y soleados, constituye el *terroir* ideal para el cultivo de la grüner veltliner.

LA GRÜNER VELTLINER

Documentada en la baja Austria a partir del siglo XVIII con el nombre de grünmuskateller y más tarde como weißgipfler, sinónimos en uso hasta el siglo XX, la grüner veltliner constituye la variedad autóctona por excelencia de la viticultura austriaca. Presente desde antiguo en países limítrofes como Hungría, la República Checa, Alemania (Palatinado, Rin-Hesse, Rheingau) e Italia (Valle Isarco), la grüner veltliner es una variedad poco resistente a la sequía y necesita de suelos profundos con una buena retención hídrica. Sus aromas nos hablan de matices vegetales, albaricoques, melocotones y peras, pero también de piña, papaya y otras frutas tropicales, acompañadas a veces de tabaco y de notas especiadas, especialmente pimienta blanca.

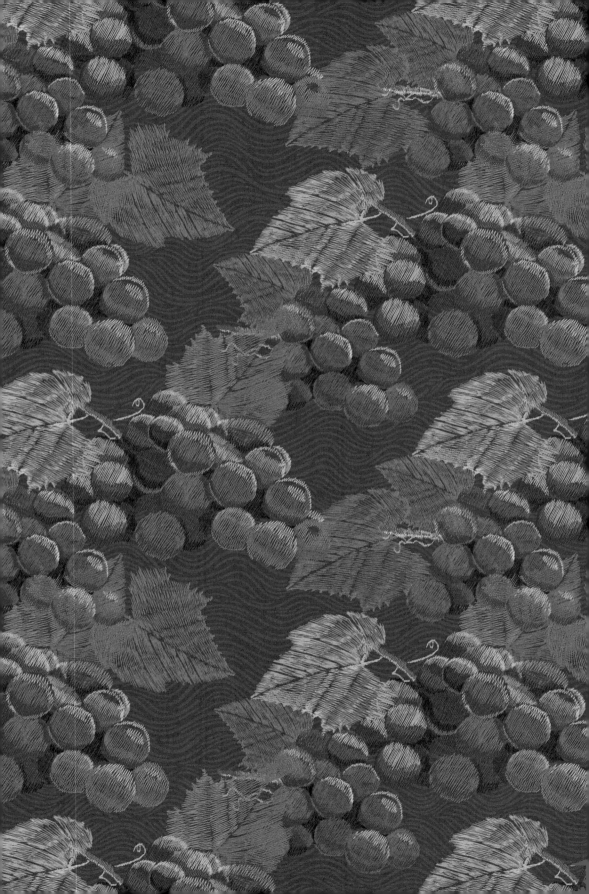

AUSTRIA, EL *LOESS*

Entre las áreas de mayor interés en Austria, no cabe olvidar el Kamptal, que toma su nombre del río Kamp. Con una superficie cubierta de viñas de aproximadamente 3.800 hectáreas, cuenta con un gran número de productores de calidad. El subsuelo del Kamptal presenta una gran variedad geológica: está formado por *loess* (sedimento eólico originado a partir del acarreo y del depósito de partículas por parte del viento, lo que produce la diversidad de gránulos que lo caracteriza), grava, roca primaria y elementos volcánicos. El paisaje se caracteriza por laderas escarpadas, tan abruptas que no presentan puntos de apoyo para las capas de tierra. Aquí, con una orientación ideal hacia el sur, crecen las vides de riesling, que ofrecen vinos potentes, minerales y con un gran potencial para el envejecimiento. Más hacia el sur, en dirección al Danubio, se produce un cambio sustancial en la superficie del terreno: los bancales, más suaves y tendidos, se caracterizan por la presencia del *loess* y de tierra vegetal, por lo que garantizan las condiciones ideales para el cultivo de la grüner veltliner, con la que se elaboran unos vinos con gran cuerpo.

Por su parte, el Neusiedlersee-Hügelland se extiende por la orilla occidental del lago Neusiedl y tiene como centro la ciudad de Rust, sede de la academia del vino. En sus cerca de 3.500 hectáreas de viñedos se cultivan sobre todo pinot blanco, chardonnay y blaufränkisch. Las viñas crecen en las laderas de los montes del Leitha, caracterizados por un subsuelo rico en roca granítica, yeso y cal que confieren al vino una enorme mineralidad.

Finalmente Wachau cuenta con 33 kilómetros de viñedos que se extienden a lo largo de las orillas del Danubio entre Melk y Krems. Sus cerca de 1.350 hectáreas de vid, divididas entre casi 650 productores, están plantadas casi exclusivamente con grüner veltliner y riesling. Las mejores parcelas se encuentran en la orilla izquierda del río, en terrazas en seco que llegan a los 450 metros sobre el nivel del mar; el subsuelo rico en granito es ideal para el cultivo de la riesling, mientras que la grüner veltliner expresa toda su potencialidad sobre los terrenos formados por *loess*. El clima muy particular de Wachau constituye una variable de una importancia fundamental en el crecimiento de las vides.

LA CLASIFICACIÓN DE LOS VINOS AUSTRIACOS

Kabinett: vino de calidad con residuos de azúcar.

Prädikatswein: vino con predicado, es decir, de calidad superior, producido a partir de recolectas especiales de uvas maduras. En orden creciente:

- *Spätlese*: vino de uvas perfectamente maduras.
- *Auslese*: vino de uvas maduras cuidadosamente seleccionadas.
- *Beerenauslese* (BA): vino de uvas demasiado maduras y/o atacadas por la podredumbre noble.
- *Ausbruch*: vino producido exclusivamente con uvas atacadas por la podredumbre noble o bien secadas de manera natural.
- *Trockenbeerenauslese* (TBA): vino de uvas casi totalmente marchitas y con botritis.
- *Eiswein*: vino de uvas recogidas y prensadas después de su congelación en la planta.
- *Strohwein/Schilfwein*: vino de uvas secadas al aire sobre paja o cañas durante por lo menos tres meses.

ALEMANIA, LA PATRIA DEL RIESLING

Una breve fotografía de Alemania en cifras: los viticultores alemanes son aproximadamente 80.000, las hectáreas de superficie con vides ocupan cerca de 100.000 y los hectolitros de vino producidos cada año se acercan a los 9.000.000. La variedad más cultivada es la riesling (aproximadamente el 22%), seguido de la müller-thurgau y de la spät-burgunder (pinot noir). Una curiosidad, en Alemania crece el 60% de las vides de riesling de todo el mundo. La legislación alemana clasifica el vino a partir de la densidad del mosto (en grados Oechsle) y de la denominación regional. Partiendo del nivel cualitativo más bajo nos encontramos con: el *Tafelwein*, vino de mesa, el *Landwein*, vino con denominación de origen alemana, y el *Qualitätswein bestimmter Anbaugebiete* (QbA), vino de calidad de zonas vinícolas con denominación de origen. En esta clasificación encaja la mayor parte del vino alemán seco (*trocken*) o con un ligerísimo residuo de azúcar (*feinherb*; es decir, abocado). Las uvas que se utilizan para la producción de vinos QbA deben proceder enteramente de una de las trece regiones vinícolas con denominación de origen. Finalmente, los *Prädikatswein*, vinos de calidad superior con predicado, deben satisfacer altos requisitos cualitativos en términos de madurez, armonía y elegancia.

Entre las regiones más importantes del país encontramos la del Rin, donde el río homónimo discurre a lo largo de casi mil kilómetros. Justamente aquí, delimitado al norte por la cordillera del Taunus y al sur por el río, se ha creado uno de los paisajes vinícolas más fascinantes del mundo: la Rheingau. Las 3.200 hectáreas de viñedos de la zona están todas orientadas hacia el sur y el suroeste. Las condiciones climáticas son ideales para el cultivo de la riesling, que ocupa el 80% de la superficie de las viñas, por lo que constituye la región con la mayor presencia de esta variedad de uva del mundo.

Luego tenemos la región de Rin-Hesse, o el Hesse Renano, que se extiende en un gran triángulo en la orilla izquierda del Rin, entre Bingen y Maguncia hacia el norte y hasta Worms hacia el sur. Es una de las regiones más secas y templadas de Alemania, con 1.500 horas de sol al año y una media de precipitaciones anuales de apenas 500 milímetros. Con sus 28.000 hectáreas de viñedos, es la zona vinícola más grande del país. Y aquí se han encontrado, precisamente cerca de Worms, los primeros rastros de la variedad de uva rüssling (riesling), que se remontan a 1402.

Pfalz, el Palatinado, es una franja estrecha de tierra entre la orilla del Rin y la cadena del Haardt, al norte de Alsacia. Acariciada por el sol durante cerca de 1.800 horas al año, es la región alemana más cálida y menos lluviosa. Los romanos fueron los primeros en intuir sus grandes potenciales y ya plantaron vides e higueras. Aquí podemos encontrar terrenos primordialmente calcáreos pero también piedras de arenisca, sedimentos de marga, yacimientos de conchas fósiles, pizarra roja, arcilla, minerales o arenilla.

LA CLASIFICACIÓN DE LOS VINOS ALEMANES

Kabinett, vinos con un ligero residuo de azúcar (amables), ligeros y de baja graduación alcohólica.

Spätlese, vinos maduros y elegantes, de vendimia tardía, con un residuo de azúcar más importante.

Auslese, vinos nobles de uvas maduras, seleccionadas durante la vendimia (las uvas que no están maduras y sanas se descartan), con residuo de azúcar.

Beerenauslese (BA), vinos de gran cuerpo y riqueza aromática con un importante residuo de azúcar, a partir de granos demasiado maduros y atacados por la podredumbre noble.

Trockenbeerenauslese (TBA), la cúspide de la pirámide cualitativa; vinos de gran dulzura y concentración, con aromas complejos y un potencial de envejecimiento de decenios, a partir de granos marchitados como las uvas pasas y afectados por la podredumbre noble.

Eiswein, vinos dulces ricos en esencias, de uvas vendimiadas y prensadas a una temperatura de –7 °C, cuando el agua del grano está helada y se puede obtener un jugo muy concentrado, con un alto porcentaje de azúcar y aromas primarios intensos.

ALEMANIA, OTROS TERRITORIOS

L a región del Nahe se extiende a lo largo del curso del río homónimo, un afluente del Rin, y tiene como centro de referencia la ciudad de Bad Kreuznach. Con sus cerca de 4.000 hectáreas, esta región constituye una pequeñísima parte de la superficie de los viñedos alemanes, pero la impresionante variedad geológica de su subsuelo, que cuenta con más de 180 terrenos distintos, la convierte sin duda en una de las zonas más interesantes. En las terrazas y en unas laderas muy parceladas crece sobre todo riesling, que en esta zona puede expresar bien sus múltiples facetas ligadas al *terroir*. Los vinos procedentes del Nahe suelen ser muy minerales y extremadamente elegantes.

Más adelante, la Franconia es una región vinícola que discurre a lo largo del río Meno y de sus afluentes, en las vertientes occidentales del Steigerwald, y que tiene como centro la ciudad de Wurzburgo. Zona histórica por la producción de vinos, su nombre y su fama están vinculados a la variedad sylvaner, que se cultiva aquí desde hace más de 350 años. Este viduño parece haber hallado en estos suelos ricos en piedra calcárea, arenisca roja y sedimentos *keuper* el punto de partida ideal para alcanzar el máximo de su expresión.

El Sarre es la región vinícola más pequeña de Alemania y sus 1.500 hectáreas de viñedos están cultivadas casi exclusivamente con riesling. Las laderas son tan empinadas y difíciles de trabajar que solo hay vides en la mitad de la superficie cultivable. Hacia 1900, el riesling del Sarre era uno de los vinos más caros y renombrados del mundo, una joya del patrimonio enológico mundial. Su singularidad viene dada por la presencia en el subsuelo del esquisto azul, que aporta notas muy distintas a los vinos respecto al esquisto del Mosela: los vinos de esta zona son siempre más fragantes y directos en boca, y presentan reflejos de colores que tienden al verde en lugar del amarillo. El clima, riguroso, puede provocar que las uvas alcancen su plena maduración incluso en noviembre, por lo que el riesling del Sarre presenta siempre un grado de acidez natural más alto.

EL RIESLING DEL MOSELA

La denominación Mosel comprende la región vinícola del valle del río Mosela y de los valles de sus afluentes, el Saar y el Ruwer. Las empinadas laderas a lo largo del curso del río caracterizan el paisaje de la región vinícola más famosa y más antigua de Alemania. En esta zona, los celtas y los romanos cultivaron la viña hace ya 2.000 años, y todavía está muy difundido el método de cultivo de la vid conducida en alto, como hacían en árbol los romanos para pendientes escarpadas. Hoy en día hay cerca de 5.000 productores y casi 9.000 hectáreas de viñedos, pero solamente muy pocos producen vinos de calidad verdaderamente alta. La variedad de uva dominante es la riesling, que se cultiva en 243 km de viñas a lo largo del río y que encuentra aquí, en terrenos ricos en esquistos, las condiciones óptimas para su crecimiento. El clima fresco y el largo periodo vegetativo producen vinos ligeros pero ricos en aromas extraordinarios.

ESLOVENIA, LO ANTIGUO Y LO MODERNO

Para trazar un breve excurso vitivinícola de la Eslovenia actual debemos remontarnos al siglo IV a. C., aunque fue durante el II a. C., con la dominación romana, cuando se perfeccionaron el cultivo de la uva y las técnicas de vinificación y de conservación del vino. En el siglo V d. C., con el desplome del imperio, se produjo una ralentización progresiva del arte del vino. Y los monjes solamente reintrodujeron la viticultura alrededor del XI. La época moderna, entre el XVI y el XVIII, asiste a un desarrollo intensivo de la viticultura, pero a principios del XX, las condiciones de la agricultura resultan muy difíciles y se reduce drásticamente la calidad del vino. Entonces empieza el periodo más crucial para el pueblo esloveno: tras la primera guerra mundial, el país queda dividido entre Italia (la región vitícola de Primorska) y el reino de los serbios, croatas y eslovenos, que en 1929 pasa a llamarse Reino de Yugoslavia (con las regiones vitícolas de Podravje y Posavje). Poco después, superada la segunda gran contienda mundial, Eslovenia queda anexionada a Yugoslavia, y el así llamado Sistema establece la expropiación casi completa de la propiedad privada, que solo deja a los campesinos lo estrictamente necesario para su propia subsistencia. El resto de las uvas producidas deben transferirse a las grandes cooperativas. Los acontecimientos históri- co-políticos de los años noventa nos son conocidos: el 26 de diciembre de 1990 se celebró un plebiscito nacional y el 25 de junio de 1991 se ratificó la ley constitucional (y declaración de independencia), que dio pie a una guerra de diez días: la *Teritorialna obramba* (defensa terri- torial) derrotó al JLA (ejército popular de Yugoslavia). El 22 de mayo de 1992, Eslovenia se convirtió en miembro de las Naciones Unidas. Durante esos últimos cincuenta años, la agricultura había perdido importancia y solo se dedicaba a ella el 5% de la población. Al final, el país acabó heredando las difíciles condiciones de Yugoslavia, especialmente en la economía y la industria. Aunque a continuación de la introducción del euro, en 2007, se produjo un periodo de euforia momentánea, el mundo del vino esloveno todavía no ha superado los lo- calismos ni ha hallado una manera estable de llegar a los mercados internacionales.

LA VID MÁS VIEJA DEL MUNDO

En Maribor se encuentra la vid más vieja del mundo: de la variedad žametovka, tiene cerca de 385 años y hoy todavía produce entre 30 y 40 litros de vino en cada vendimia. A pesar de que el caldo elaborado con sus uvas se utiliza a menudo para mezclas, es posible adquirir su néctar en botellitas de 25 cl, de las que solamente se producen cien unidades. Se llama Black Velvet y se presenta en el interior de unos contenedores especiales creados por el famoso diseñador Oskar Kogoj; tiene un in- tenso color rojo y un fragante aroma de frambuesa, y los eslovenos lo aprecian hasta tal punto que le han dedicado un himno.

ESLOVENIA, PAÍS VITÍCOLA

L a región de Podravje, con sus 10.000 ha cultivadas, se divide a su vez en dos zonas. La primera es Štajerska Slovenija, la Baja Estiria eslovena, con un clima de inviernos muy fríos, veranos cálidos sin precipitaciones y una fuerte oscilación térmica entre el día y la noche. Aquí predominan las variedades de piel blanca, ya que las tintas solo representan el 3%, y las más cultivadas son la laški riesling, la šipon, la renski riesling y la chardonnay. El terreno es mayoritariamente de margas. La segunda zona es Prekmurje, con 965 ha cultivadas; sus inviernos son muy fríos, sus veranos muy calurosos y sin precipitaciones y se registran fuertes oscilaciones térmicas. Aquí también predominan las variedades blancas mencionadas. El subsuelo es calcáreo, con rastros de roca volcánica, pero también se encuentran suelos ácidos, volcánicos y margas.

Posavje, por su parte, cuenta con Posavje, con sus 7.500 ha cultivadas y tres subzonas: Bizeljsko-Sremič presenta suelos de marga y arenisca con cal y goza de un clima continental con cierto impacto del alpino, lo que se traduce en inviernos templados y sin precipitaciones, y primaveras y otoños más cálidos y con lluvias. Sus variedades principales son la riesling, la modra frankinja y la kraljevina. Dolenjska, en cambio, es un territorio de marga con suelos arenosos y arcillosos. Su clima es continental y presenta diversos microclimas. La variedad cultivada más extendida es la žametovka, pero también la laški riesling, la modra frankinja y la kraljevina. El vino típico de la región es el cviček. La tercera zona es Bela Krajina, con cerca de 600 ha de suelos de margas y areniscas, donde se cultivan la žametovka, la laški riesling, la modra frankinja, la kraljevina y la portugalka. La especialidad aquí es la vendimia invernal (los *ice wines*), a partir de la cual se obtienen vinos dulces.

También cabe citar Slovenska Istra, la Istria eslovena, con 2.400 ha y una altitud de hasta 500 m sobre el nivel del mar, suelos de *flysh* y un clima entre mediterráneo y submediterráneo. Las variedades cultivadas son: la refošk, la malvasía, la cabernet-sauvignon, la merlot, la muškat, la chardonnay y la pinot gris.

LOS MEJORES VINOS, EN LA FRONTERA CON ITALIA

En esta franja de tierra, disputada y reasignada durante casi un siglo, se hallan las mejores producciones eslovenas. Es donde también se hacen vinos naturales macerados con los hollejos (Orange wines). En Primorska, sus 6.500 ha de viñas y subdividida en: Goriška Brda, una localidad conocida en italiano como Collio Sloveno, con suelos de *flysh*, arenosos y calcáreos, clima mediterráneo y zonas cultivadas con rebula, sauvignonasse (tocai friulano), pinot blanc, pinot gris, chardonnay, merlot y cabernet-sauvignon; Vipavska Dolina, el valle de Vipava, con 3.000 ha, suelos de *flysh*, un clima cálido con un viento bora a veces sostenido y variedades como la rebula, la zelen, la pinela, la malvazija, la sauvignonasse, la beli pinot, la chardonnay y la merlot, y, finalmente, el Kras, el Carso sloveno, con suelos pedregosos compuestos de calcáreas y una tierra roja a causa de inclusiones ferrosas, clima mediterráneo, fuerte viento bora y cultivos de variedades típicas como la refošk, la vitovska y la teran.

CROACIA, VIÑAS EN LA COSTA

Croacia, así como la casi totalidad de los países de los Balcanes occidentales, cuenta con una fortísima tradición vitivinícola que se remonta a la colonización griega, primero, y a la romana, después. También son abundantes los vínculos y entrelazamientos con quienes hoy conforman sus Estados limítrofes, en particular con Eslovenia y con Italia (Istria). Están documentadas producciones vitivinícolas en las islas de la Dalmacia meridional (Vis, Hvar y Korčula) que se remontan aproximadamente a hace 2.500 años. El país cuenta, pues, con una tradición importante, en particular en lo que se refiere a las uvas blancas, a excepción de la costa dálmata meridional, en la que predominan las variedades tintas. Cabe destacar algunas zonas cuyos vinos hoy están creciendo mucho en calidad. Istria, con fuerte influencia italiana y eslovena, cuenta con una matriz muy rica vinculada a la producción del vino. Recordemos las diversas versiones, de seca a semiseca o dulce, de la Malvazija Istarska, a partir de uvas de piel blanca. En el caso de las tintas, se registra una ambivalencia de cultivos entre las variedades internacionales, que encuentran aquí un buen hábitat, sobre todo las merlot y las cabernet, y sus autóctonas más famosas, como la teran. El viduño verdaderamente propio de la región es el muskat momjanski. Otras zonas que vale la pena mencionar son Dalmacia, una larga lengua de tierra que corre paralela al mar Adriático, plagada de islas e islotes; aquí, las viñas que circundan la capital de la región, Split, ofrecen uvas crljenak kaštelanski, cuyo ADN habría revelado una identidad total con la aglianico y con la zinfandel californiana. También es famosa la variedad plavac mali, pariente directa de la crljenak pero capaz de ofrecer vinos superiores. Otras variedades emparentadas con las citadas son la dinga, muy extendida y popular, y la postup.

Y no podemos olvidar las islas: en Hvar es celebérrima la producción de vinos blancos frescos y fragantes de matriz afrutada, que se elaboran con uvas bogdanuša. En la isla de Korčula se cultivan las variedades blancas grk y pošip. En la de Vis es famosa la vugava, mientras que en Krk cabe mencionar la zlahtina. Finalmente, tierra adentro, en la Croacia central y alrededor de la capital, Zagreb, se encuentran vínculos históricos con los cultivos centroeuropeos, menos influidos por el clima marítimo de la costa adriática. En las zonas interiores, la variedad de uva más extendida es la blanca graševina, junto con la chardonnay internacional.

LOS BOSQUES DE ESLAVONIA

Eslavonia es más famosa en todo el mundo por su célebre madera de roble para elaborar barricas que por su vino; sin embargo, también se ha producido un lento relanzamiento de la enología. Muchos elaboradores están trabajando en las variedades más adecuadas al clima, en especial, en las tintas, la zweigelt, un tipo de uva de origen austriaco, y, en el de las blancas, la traminac, la riesling y la Sylvaner: también en este caso variedades centroeuropeas, precisamente.

RUMANÍA Y BULGARIA, EL ESTE PROFUNDO

Rumanía ha sido siempre una encrucijada geográfica entre la Europa central y la suroriental. Tras su anexión al Imperio romano durante el siglo I d. C., por obra del emperador Trajano, recibió fuerte influencia de la Europa meridional, por lo que no es ninguna sorpresa que el vino juegue un papel significativo en la cultura del país. A pesar de la prosperidad de las industrias locales de cerveza y de tuica, su típico aguardiente de ciruelas, el vino continúa siendo la bebida alcohólica preferida de los rumanos. Para comprender la vocación productora del país, debemos pensar que el perímetro de los viñedos rumanos se extiende imaginariamente hacia el norte a lo largo del paralelo 47, a la altura de la Alsacia meridional y de la Borgoña septentrional, mientras que hacia el sur acaba entre los paralelos 43 y 44, alineado con la Provenza y el Lenguadoc-Rosellón. Aquí la producción de vino se vale de una amplia cartera de variedades tintas y blancas autóctonas e internacionales. Entre las blancas cabe mencionar la fetească, en sus dos variantes fetească regală y albă, la welschriesling, la gewürztraminer, la pinot gris, la moscato ottonel y la sauvignon blanc. Entre las tintas destacan la cabernet-sauvignon, la merlot y la pinot noir.

Por su parte, si bien Bulgaria no es demasiado famosa, debe mencionarse entre las naciones más productivas del este de Europa. Gracias a la iniciativa de muchos enólogos jóvenes y prometedores recientes, la atención internacional la ha colocado bajo la lupa. El país está buscando gradualmente una nueva identidad propia más moderna y dinámica, y trabajando sus *terroirs* con diferentes variedades de uvas y de vinos. En realidad, no existe un estilo de vino búlgaro, sino que se elaboran con buenos resultados viduños como el cabernet-sauvignon, el merlot, el chardonnay, el riesling y el muscat, aunque ninguno de ellos ha sustituido, sino solo complementado, a los tradicionales kadarka (gamza), mavrud y melnik.

EL CASO DE MOLDAVIA

Moldavia es un país sin salida a los mares de la Europa oriental y uno de los numerosos Estados exsoviéticos de esta extensísima área. La producción vitivinícola forma parte de la cultura moldava y la economía del país se basa en buena parte en ella. El enoturismo también está bien desarrollado y merece un viaje con toda seguridad, ni que solo sea por la *Ziua Națională* (la jornada nacional del vino) que cada año celebra, durante el segundo fin de semana de octubre, el fin de la vendimia. Durante esos días de festejo, la hacienda vinícola estatal Mileștii Mici, que se halla al sur de la capital, Chisináu, está abierta para que se puedan visitar sus 200 km de túneles excavados en la roca calcárea y destinados a bodegas (y que durante el régimen soviético contenían millones de botellas de Soviet Champagne). Las principales variedades que se trabajan son la cabernet-sauvignon, la merlot, la pinot noir y la chardonnay, pero también la riesling renana y la pinot gris. Entre las autóctonas hay que mencionar sin duda la fetească neagră y la feteasca albă.

GEORGIA, EL VINO DE LOS ORÍGENES

Las raíces de la viticultura georgiana se pierden en la noche de los tiempos. Los testimonios orales, recogidos y transcritos más tarde, nos informan de que los habitantes del Cáucaso meridional descubrieron que el zumo de la uva silvestre se transformaba en vino si se enterraba durante el invierno en una fosa poco profunda. Los hallazgos arqueológicos, además, nos aseguran una producción de vino en esta región desde hace entre 6.000 y 8.000 años. Las tradiciones vitivinícolas georgianas están inervadas en la cultura del país desde hace miles de años, como lo demuestra el himno medieval *Shen Khar Venakhi* («Eres un viñedo»). Si bien la zona del Mediterráneo occidental estaba en aquella época sacudida por las Cruzadas, los elaboradores de vinos de Georgia, una nación cristiana, superaron indemnes ese periodo nefasto y consiguieron desarrollar la producción agrícola y el comercio en una paz relativa. Hoy en día, el mapa del vino georgiano es amplio y complejo. Y las condiciones territoriales y climáticas son perfectas para la vinificación. La topografía y la geología son muy variables, desde las montañas del Cáucaso en el norte hasta los valles fluviales y las llanuras costeras del oeste, pasando por la región de Kajetia en el sureste y la de Abjasia en la costa del mar Negro. Sus características climáticas son insólitas: los veranos tienden a ser soleados y los inviernos, templados y sin heladas. Abundan los manantiales naturales y los torrentes de los montes caucásicos aportan a los valles unas aguas ricas en minerales. El clima temperado de Georgia y el aire húmedo, por influencia del mar Negro, ofrecen las mejores condiciones para el cultivo de la vid. Los viñedos se cultivan con tal intensidad que las vides crecen por los troncos de los árboles frutales y al final sus frutos acaban «colgando» cuando están maduros. Este método de cultivo se llama *maglari*. Las principales uvas para vino preferidas en Georgia son la variedad tinta saperavi y la blanca rkatsiteli. Entre las clásicas de la región también encontramos uvas para vinos tintos, en particular la alexandrouli, la aladasturi, la keduretuli, la ojaleshi y la usakhelauri, así como sus contrapuntos blancos, encabezados por la chinuri y la mtsvani, en ambos casos con las variantes goruli y kakhuri.

KVEVRI, ÁNFORAS PARA EL VINO

Georgia está fuertemente asociada a la práctica de producir vinos en ánforas, una técnica de vinificación antiquísima, pues se remonta al 6.000 a. C. Aún hoy, los viticultores cultivan uvas y entierran recipientes de arcilla, los *kvevri* (o también *kwevri* o *qvevri*), para conservar el vino, que está listo para servirse a la temperatura del suelo. Cuando se llenan con el zumo fermentado de la cosecha, los *kvevri* se cubren con una tapadera de madera y luego se sellan con tierra. Algunos pueden permanecer sepultados hasta 50 años. Las vasijas para el vino de cualquier forma, estilo y dimensión han sido el producto principal de la cerámica georgiana durante milenios, y estos antiguos recipientes manufacturados certifican la gran maestría de los artesanos locales.

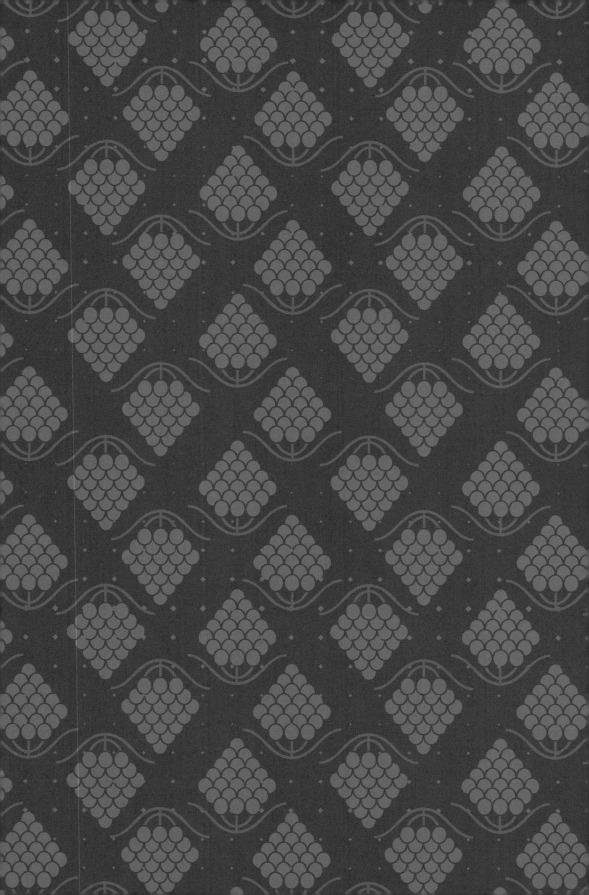

VINOS DE ESPAÑA

GALICIA, UN PERFUME DIFERENTE

Los vinos de las Rías Baixas, el corazón de la vitivinocultura gallega, están lejos de los estereotipos que suelen imaginarse desde el extranjero; son blancos delicados, vivaces y aromáticos. En esta región, todo tiene lugar a una escala reducida: algunos de los mejores elaboradores solo embotellan unos centenares de cajas al año y la mayor parte de las fincas vinícolas disponen de pocas hectáreas de viña. El tradicional retraso de la región, unido a su aislamiento geográfico, frenó el desarrollo de las Rías Baixas y de las regiones vitícolas limítrofes. Fue a partir de los años noventa cuando estos vinos insólitos empezaron a encontrar un mercado fuera de los confines de su territorio, caracterizado por un paisaje distinto, particularmente lozano y fresco, enriquecido con ensenadas atlánticas irregulares y cañones poco profundos, bordeados por unas colinas cubiertas de densos bosques de pino y eucalipto. En general, las viñas crecen aquí emparradas, y los troncos largos y espigados, distanciados entre sí, se sostienen a menudo sobre pilastras de granito. A los millares de pequeños agricultores que cultivan la vid para el autoconsumo, estos «toldos» les permiten aprovechar cada metro cuadrado del precioso terreno, pero también son útiles para garantizar la ventilación de las uvas: un factor importante, ya que las nieblas marinas invaden los viñedos a menudo, incluso durante el verano. La DO Rías Baixas está constituida por una larga serie de subzonas que cumplen la regulación preceptiva. La Val do Salnés es la más importante, además de la más fresca y húmeda, pues se halla en la parte más septentrional, en la misma costa. Aquí predomina la variedad albariño, de piel gruesa y capaz de resistir las nieblas frecuentes. Hacia el área meridional, en O Rosal, los mejores viñedos crecen en claros abiertos en las colinas orientadas hacia el sur y producen vinos de una acidez muy baja respecto a los de la Val do Salnés. El Condado do Tea es la subzona más cálida y más alejada de la costa y sus néctares son más potentes pero menos delicados. La mayor parte de los mejores vinos de las Rías Baixas necesitan dos o tres años para alcanzar su esplendor. Finalmente, una curiosidad: los vinos de la DO Ferreiro, en la Val do Salnés, presentan un nivel tan elevado de acidez natural que se impone someterlos a una fermentación maloláctica parcial para que sean más armónicos y más jugosos.

MÁS AL SUR, EL ALBARIÑO SE REALZA CON OTRAS UVAS

Soutomaior, al sur de Pontevedra, y Ribeira do Ulla, apenas un poco más allá de Santiago de Compostela, son dos subzonas más pequeñas recientemente reconocidas. En ellas las uvas de albariño se vinifican tradicionalmente junto con la treixadura, también perfumada pero menos estructurada, y con granos de loureira, que presenta un trasfondo de laurel. Estos ensamblajes producen los mejores vinos, si bien el albariño puro al final consigue venderse con más facilidad, sobre todo hoy, cuando goza de fidelísimos seguidores en Madrid e incluso más allá del Atlántico.

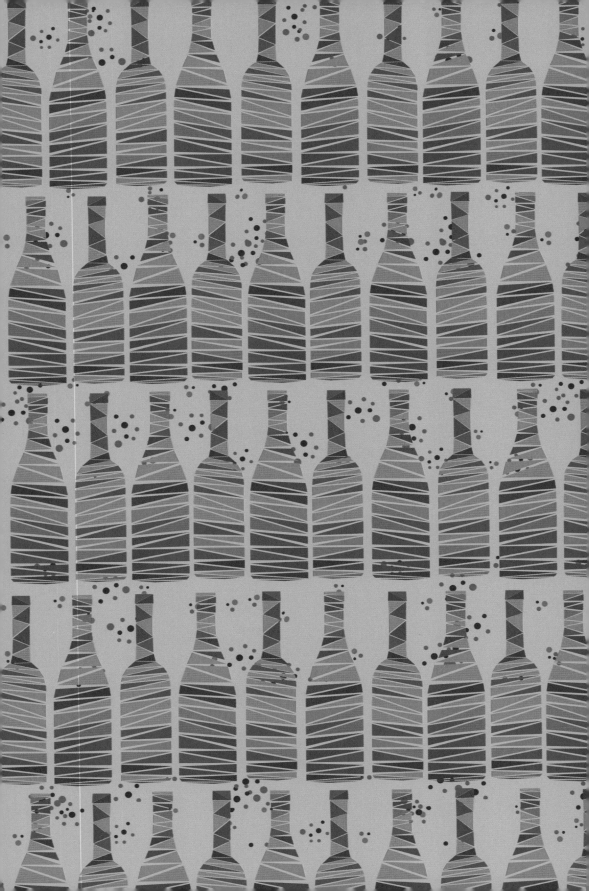

RIOJA, EL VINO ESPAÑOL MÁS UNIVERSAL

La Rioja es una cuenca vitícola de 40 kilómetros de anchura y 100 de longitud. Se extiende a lo largo de las orillas del río Ebro, entre la zona septentrional del valle y el sistema Ibérico hacia el sur. Dividida por siete ríos que descienden desde la montaña, su historia vinícola ha estado marcada por la filoxera. Esta, efectivamente, jugó un papel determinante en la calidad de los vinos de estos territorios, ya que, cuando este pulgón invadió Francia, diversos enólogos bordeleses decidieron establecerse en el valle del Ebro, donde la temible calamidad no se había manifestado todavía. Para no difundirla, no llevaron esquejes de sus viduños, pero sí todo su *know-how* vitivinícola, lo que redundó en grandes beneficios para la región. Todavía se emplean técnicas de vinificación bordelesas, como la fermentación en cubas y la crianza en barricas. En cuanto a las variedades de uvas, hay que citar en primer lugar la vigorosa tempranillo, la más importante de la región. Hay quien ha encontrado puntos en común entre los vinos de la Borgoña (pinot noir) y los de La Rioja (tempranillo); en realidad, esto va en función de las prácticas enológicas empleadas, ya que el único aspecto que une a los dos cultivares es su resistencia al frío. En todo caso, el tempranillo, tánico y afrutado, se asemeja más a los vinos de Burdeos. Otra variedad muy cultivada en la zona es la garnacha tinta, que respecto a la más noble tempranillo presenta carencias en cuanto al color y a los taninos, pero que, adaptada a los climas cálidos, resulta generosa en lo que se refiere a su contenido alcohólico. Pero La Rioja del vino no se basa solamente en estas dos variedades fundamentales, ya que existen otros viduños relevantes. En primer lugar, el mazuelo (cariñena), uno de los cultivares más antiguos de la región, pese a que hoy en día se cultiva menos por su sensibilidad al oídio y por su carácter un tanto rústico. A continuación, el graciano, que si bien hoy ha caído un poco en desgracia por su rendimiento demasiado bajo, en los cupajes es el que aporta el buqué de los vinos más delicados y complejos, a los que además beneficia respecto a su longevidad y, en definitiva, su calidad. A pesar de que es una cuenca esencialmente de tintos, no faltan aquí tampoco las uvas de piel blanca. Los riojas blancos tradicionales tienen un carácter aromático típico y personal a causa de dos variedades que, sin embargo, se encuentran localmente en vías de extinción, tanto por su escasa productividad como por su sensibilidad ante las enfermedades: la perfumada malvasía y la rica garnacha blanca. Ambas han sufrido el avance de la viura (macabeo), que ha sustituido casi completamente al resto de los viduños blancos del área y ha originado un vino sencillo, floral, dominado por notas de vainilla y oxidativo cuando fermenta indebidamente en roble americano.

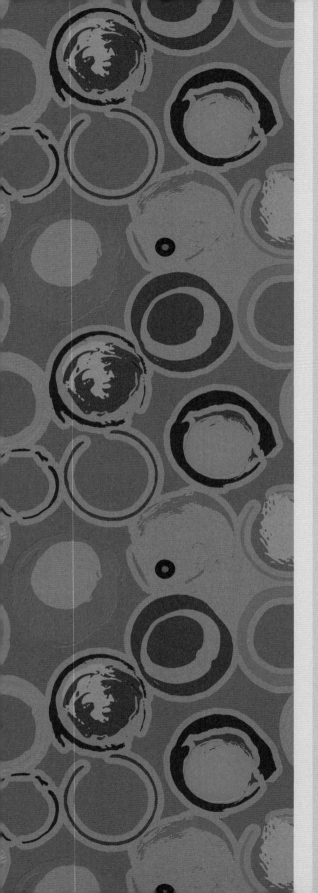

DE LOS VINOS BARROCOS DE LOS AÑOS 90 A LA INTEGRIDAD ACTUAL

Los tintos de La Rioja eran famosos por su suavidad, su armonía y su dulce sabor picante, debido a la crianza en madera: cálidos y envolventes, hace años gustaban a la mayoría. La maduración en barrica americana era muy larga, con lo que se conseguían unos néctares oxidativos y ultraespeciados, especialmente apreciados en los años noventa pero que hoy se hallan en declive. Los riojas actuales son estructurados y afrutados y, si maduran en barricas (francesas), sus periodos de crianza son más breves, con lo que emerge el fruto, la integridad y los perfumes propios del vino, no tan ahogados por los de la madera.

LA RIOJA, UNA REGIÓN ÚNICA EN SU VARIEDAD

Enológicamente, La Rioja se compone de tres subzonas bastante distintas en cuanto a los respectivos terruños: Rioja Alta, Rioja Alavesa y Rioja Baja. A pesar de que, dentro de su complejidad, en la región predomina el clima continental, la Rioja Alta y la Alavesa reciben la influencia de las corrientes que soplan desde el Atlántico, frescas en otoño y templadas en verano: aquí está óptimamente aclimatada la variedad tempranillo, que desarrolla buenos frutos, colores y aromas. La Rioja Baja goza de un clima mucho más mediterráneo, con un sol implacable que la convierte en adecuada sobre todo para el cultivo de la garnacha, que ofrece vinos suaves y alcohólicos. Si bien los suelos son generalmente calcáreos, la Rioja Alta y la Alavesa presentan cierta abundancia de arcilla y una pequeña parte de pizarra; en cambio, en la Rioja Baja se encuentra un estrato de arcilla ferrosa, limo y arena sobre la roca calcárea. La regulación de los vinos de La Rioja es muy detallada. Si la maduración no se realiza en madera, los tintos jóvenes, los blancos frescos y los rosados tendrán que acogerse a la categoría de «Sin Crianza». «Con Crianza» hace referencia a los tintos envejecidos en barricas de roble durante al menos un año, o bien a los vinos blancos y rosados que han pasado por lo menos 6 meses en madera y a continuación han seguido su maduración en botella. El término «Reserva» se aplica a los tintos madurados por lo menos durante 3 años antes de su comercialización, de los cuales al menos uno debe haberse producido en madera, mientras que los blancos y los rosados tienen que madurar por lo menos 2 años, 6 meses de los cuales en barricas de roble. Los «Gran Reserva» son los tintos madurados por lo menos 5 años antes de venderse, de los cuales no menos de 2 en madera; para los blancos y los rosados son necesarios 4 años de maduración, 6 meses de los cuales en barrica. La denominación «Doble Pasta» hace referencia a los tintos macerados con una doble cantidad de hollejos, práctica que los hace muy concentrados y coloridos. La regulación de la DO Rioja impone asimismo que todos los pasos de la cadena productiva, desde la viña hasta el embotellamiento, se desarrollen dentro de los confines de la región.

LAS «REGLAS DEL JUEGO»

Otros puntos de la regulación de la DO Rioja también presentan un interés especial. Solo se pueden usar las uvas autorizadas: la tempranillo, la garnacha tinta, la mazuelo, la graciano, la viura, la malvasía y la garnacha blanca. La producción por hectárea no puede superar los 50 hectolitros para los tintos y los 60 para los blancos y los rosados, aunque en las comarcas más áridas ya es un éxito que se extraigan 30 hectolitros de vino por hectárea. Las vides se podan rigurosamente, para obtener un máximo de doce racimos por cepa. La irrigación está prohibida, excepto para las plantaciones nuevas. Las botellas deben llevar obligatoriamente etiqueta y contraetiqueta, con la indicación del nombre de la DO y del grado de calidad: Sin Crianza, Con Crianza, Reserva, Gran Reserva o Doble Pasta.

NAVARRA, LA RIVAL DE LA RIOJA

D ispuesta sobre el límite nororiental de La Rioja, la región vinícola de Navarra fue durante mucho tiempo su gran competidora, hasta que los comerciantes bordeleses decidieron ubicar sus negocios posteriores a la filoxera no en esta verde región de espárragos y
viveros, sino precisamente en La Rioja, gracias también a la conexión ferroviaria de que disponía
la ciudad de Haro. Durante gran parte del siglo XX, los viñedos relativamente dispersos de Navarra estuvieron dedicados principalmente a la garnacha, a los rosados y a los tintos fuertes y profundos. Pero más tarde, con la llegada de la cabernet-sauvignon, la merlot y la chardonnay
y la aparición de la variedad tempranillo, la uva de la Rioja occidental, se produjo una revolución.
La garnacha parecía superada (solo la adquirían las grandes cooperativas), hasta el punto de que
en los años ochenta esta región empezó a producir una serie de versiones del tempranillo, mez-
clado con cabernet y/o merlot, y unos chardonnay aceptables, aunque sin abandonar nunca los
rosados más económicos. Hoy en día, los vinos más exportados de Navarra se crían en madera y
explotan toda la gama de las variedades españolas e internacionales. Los vinos resultantes tienden
a ser de colores intensos, puesto que la tradición de esta zona exige una maduración prolongada
de los hollejos. Por otra parte, hay que decir que la circunscripción vitícola es muy heterogénea.
Existen diferencias enormes entre las subzonas meridionales cálidas, secas y llanas de la Ribera,
que deben ser irrigadas, y los terrenos más frescos del norte. La Ribera Alta es un poco más calurosa y está más expuesta a la influencia del Mediterráneo que la Baja, que queda protegida por
el monte Moncayo. Los vinos elaborados al norte de la Ribera Alta son más pálidos y menos alcohólicos que los del sur. La Navarra septentrional es mucho más montañosa y, gracias a la altitud
y al influjo del Atlántico, tiende a ser bastante fresca, incluso cuando en el sur hace mucho calor.
Como en La Rioja, en esta parte norte la altitud provoca que las variedades bordelesas se recojan
mucho más tarde que en la misma Burdeos, a veces en diciembre en los viñedos más elevados. Los
terrenos arcilloso-calcáreos, más antiguos que los meridionales, son aquí la norma, si bien
los suelos, el paisaje y la elevación pueden variar tanto que en subzonas como Tierra de Estella y
Valdizarbe buscar lugares aptos para la viticultura implica escoger con enorme tiento para con-
jurar las heladas primaverales y la incapacidad de la uva para madurar.

LA REVOLUCIÓN DE LOS AÑOS OCHENTA

A pesar de la mencionada revolución vitícola, todavía hay productores de Navarra que vinifican es-
pléndidos néctares a base de garnacha. La bodega Fitero, en la Ribera Baja, está en disposición de
elaborar una garnacha particularmente válida, ya que sus terrenos pobres, similares a los de Château-
neuf, están orientados de manera óptima para las características de este cultivar. Siempre «a despe-
cho» de aquella revolución, también la hacienda Corella ha adquirido notoriedad por el excelente
moscatel mohoso de grano menudo.

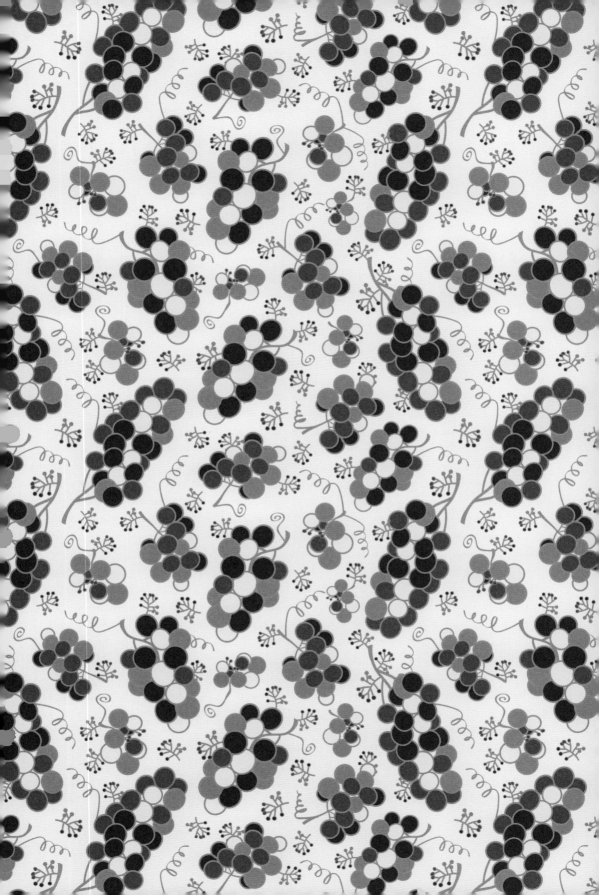

RIBERA DEL DUERO, EL *TERROIR* DEL TEMPRANILLO

La llanura de Castilla la Vieja, con su pardo mar extendido al norte de Segovia y de Ávila, hasta el antiguo reino de León, se encuentra atravesada por el río Duero. El amplio valle que forma este, desde Valladolid hasta Aranda de Duero, presume de conservar la tradición vinícola más antigua, favorecida también por el riguroso clima continental. A 800 m sobre el nivel del mar, las noches son decididamente frescas, tanto que a finales de agosto se pueden llegar a los 6 °C aunque se hayan registrado 35 °C durante el día. Las heladas primaverales son muy frecuentes y la vendimia se lleva a cabo habitualmente en noviembre. La luz y el aire presentan la sequedad y la luminosidad típicas de las altitudes elevadas, así como los vinos, que son tintos concentrados, de colores intensos, afrutados y fragantes. Tras renunciar a cultivar cabernet, merlot y malbec, la región se ha reivindicado hoy gracias a las uvas autóctonas. Algunos elaboradores que aceptaron el desafío de vinificar tempranillo puro, a pesar de la natural concentración del fruto y de su alto grado alcohólico, han alcanzado resultados inesperados en la calidad de sus néctares. Esta vasta meseta pasó de tener dos bodegas en los años cincuenta, a 24 tras la creación de la DO en 1982, para llegar a las más de cien de hoy. Ha protagonizado, además, una notable transformación de terrenos en los que anteriormente se cultivaban cereales y remolachas azucareras. Muchas de las nuevas plantaciones no dependen de las cepas de tempranillo propias de la Ribera, sino de pies importados de otras regiones, que pueden influir en su calidad. Los terrenos de la Ribera del Duero son extremadamente variables; los afloramientos calcáreos, más extendidos al norte del río, contribuyen a retener las lluvias, no muy generosas. Las viñas son relativamente jóvenes, pero no faltan ni tecnología ni talento dedicado a la producción de distintas combinaciones de tempranillo y de variedades tintas francesas, entre las cuales la petit verdot. La tradición de comprar uva está tan extendida como en La Rioja y muchas de las nuevas bodegas compiten entre sí para hacerse con las mejores materias primas. Algunas de las uvas más destacadas provienen de la zona de La Horra, pero los productores más reconocidos, como Peter Sisseck, creador del mítico Pingus, son muy reservados respecto a sus fuentes de abastecimiento.

EL VEGA SICILIA ÚNICO, UN ICONO MUNDIAL

Hasta los años setenta, el vino tinto más prestigioso de España era poco conocido. Vega Sicilia, una finca de Valbuena de Duero caracterizada por la perfección estilística, fue la primera en demostrar que se podían producir tintos ibéricos de gran finura. El viñedo se plantó en 1860, cuando La Rioja daba sus primeros pasos en el campo de la enología, y la bodega empleó inmediatamente variedades bordelesas junto a la tempranillo. Hoy cuenta con más de 200 hectáreas de viña. El Vega Sicilia Único se elabora solamente durante las mejores añadas, envejece en madera durante más tiempo que cualquier otro vino y se vende diez años después de la vendimia.

EL PRIORAT
O LA REVOLUCIÓN

El Priorat, una región vitícola del interior de la provincia de Tarragona, es probablemente el área de toda España que se desarrolló con más rapidez entre la segunda mitad de los noventa y principios del siglo XXI. Una evolución rápida, que ha llevado a esta zona de Cataluña a ser protagonista de algunas de las etiquetas más exclusivas de España, fomentada por un hombre: René Barbier, cuya heredad pertenece hoy en día al coloso del cava, Freixenet. Antes de la llegada de la filoxera, la región contaba con 5.000 ha de viñas. En 1979, cuando René Barbier vislumbró por primera vez el potencial de esta comarca vinícola histórica, solamente quedaban 600 ha, sobre todo dedicadas a la cariñena. En 1989 formó un grupo de cinco personas que luego impulsarían otros tantos «clos»; eran nuevos productores que primero compartieron sede y uvas en Gratallops, pero que pronto empezaron a trabajar por separado, aunque unidos por una nueva filosofía enológica, para elaborar vinos distintos a los néctares rústicos típicos del «viejo» Priorat. El éxito internacional de estos vinos singulares, estructurados y complejos fue tal que a partir de finales del siglo XX la región quedó «invadida» y reconfigurada por productores que procedían del Penedés. En los primeros años del siglo XXI se contaban ya 1.000 ha cubiertas de viñas, a menudo en bancales, y otras 1.000 con derecho para plantar. Una revolución que, no obstante, no ha alterado las tradiciones locales: todavía pueden verse allí pastores y mulas, y la localidad vinícola más conocida, Gratallops, no llega hoy a los 300 residentes, un censo poco variable desde hace siglos. Pero ¿por qué los néctares del Priorat son especiales? Este enclave está circundado por terrenos escarpados y protegido al noroeste por la sierra del Montsant; pero es su tierra única, una pizarra marrón oscura (*llicorella*) cuya superficie resplandece al sol gracias a inserciones de cuarcita, la que confiere a los mejores vinos de la región la esencia mineral que los caracteriza. Normalmente, su escasa pluviosidad anual haría que fuera necesario el riego, pero las tierras del Priorat son frescas y húmedas, por lo que las raíces de las vides se pueden introducir entre las grietas de la *llicorella* para encontrar un agua fresquísima. El resultado es un rendimiento productivo muy bajo que da lugar a néctares muy concentrados.

CARIÑENA Y GARNACHA

La cariñena es todavía la variedad más extendida, pero solo las viñas más viejas producen vinos de calidad. La garnacha, que se cultiva en las zonas más frescas, genera la estructura de los mejores vinos locales, combinados con variedades introducidas más recientemente: cabernet, syrah o merlot. Todo ello resulta sorprendente si se piensa que la cariñena y la garnacha están perdiendo terreno rápidamente en el resto del país; en cambio, el *terroir* del Priorat y cosechas mínimas son capaces de ensalzarlas, con el resultado de vinos pulposos, concentrados y, sin embargo, elegantes.

NO SOLO EL PRIORAT: LA OTRA CATALUÑA

La DO Penedés es conocida por su cava pero produce muchos otros vinos. Al suroeste de Barcelona, nos encontramos con tres subcomarcas vitícolas: el caluroso Bajo Penedés, donde se cultivan las variedades más tradicionales: la garnacha, la monastrell, la cariñena y la malvasía; el Penedés Medio, a 500 m sobre el nivel del mar, dedicado sobre todo a la producción de cava; y, finalmente, el Penedés Superior, a 500-800 m con variedades blancas propias de climas frescos: la riesling, la gewürztraminer, la moscatel y la chardonnay.

Raimat, Artesa, Vall de Riu Corb y Les Garrigues son las subzonas de la provincia de Lérida que constituyen la DO Costers del Segre, que se enorgullece de sus 4.000 ha de viñedo. Raimat, pequeña pero de calidad, a poniente de la capital leridana, se cuenta entre las áreas agrícolas más desarrolladas del país, con una viticultura nacida a comienzos del siglo XIX que ofrece vinos blancos delicados, tintos con estructuras y armonías elegantes y espumosos con personalidad. Artesa, al noroeste de Lérida, está situada en un territorio accidentado atravesado por el río Segre; aquí el clima es extremo, con inviernos gélidos y largos que imponen el cultivo de uvas de maduración tardía: macabeo, monastrell o cabernet. La Vall de Riu Corb y Les Garrigues se hallan al sureste de la provincia, pegadas a la de Tarragona. Son tierras situadas en la depresión del río Ebro, áridas y muy soleadas, lo que posibilita que las uvas maduren perfectamente para elaborar vinos robustos y de alcoholes cálidos.

En el límite occidental de Cataluña hay 11.000 ha de viñedos protegidas por la DO Terra Alta. El clima es mediterráneo-continental, con temperaturas que oscilan entre los -3 y los 38 °C; la precipitación media anual es de 500 mm de lluvia. Las viñas están dispuestas en terrazas, sobre terrenos fértiles y profundos pero no demasiado permeables. Las vides se podan muy cortas para provocar una germinación al nivel del suelo que aproveche al máximo la humedad de la tierra. Las variedades blancas de la Terra Alta son la garnacha blanca y la macabeo, mientras que las tintas son la mazuelo, la garnacha negra y la garnacha peluda. Los vinos de esta DO son blancos estructurados y alcohólicos, igual que los tintos, que se elaboran con mezclas variadas. Los dulces también son interesantes.

LA INTRIGANTE ALELLA

Al norte de Barcelona, proyectada sobre el Mediterráneo, se halla la pequeña pero reconocida DO Alella, cuyos viñedos se extienden únicamente sobre 600 ha y se nutren de terrenos arenosos y graníticos. El clima es siempre templado, con una temperatura media de 15 °C y precipitaciones que no superan los 600 mm, concentrados durante el otoño y la primavera. Las variedades de uva que se encuentran aquí son las blancas xarel·lo y garnacha blanca, así como la tinta ull de llebre (tempranillo). Esta tierra es proclive a la producción de vinos blancos, secos y semisecos, afrutados y aromáticos, pero también de buenos tintos añejados.

LA MANCHA MIRA HOY HACIA LA CALIDAD

Situada en el centro de la península ibérica, Castilla-La Mancha, la tercera comunidad autónoma española en extensión, cuenta con la mayor superficie de viñedos del planeta. Son casi 600.000 hectáreas: el 8% del total mundial, el 18% de Europa y el 52% de España. La producción anual se aproxima a los 2,5 millones de toneladas de uva y 20 millones de hectolitros de vino; es decir, más de la mitad de todo el producido en España. En 28 municipios de la comunidad, las viñas cubren más de la mitad de su superficie. El valor de la producción vitivinícola alcanza el 30% de la renta agraria y ocupa a más de 70.000 viticultores con 38.000 puestos de trabajo fijos. En el pasado, Castilla-La Mancha valoraba más la cantidad (incluso con rendimientos bajos) que la calidad; pero en los últimos años las nuevas tecnologías de bodega, la mejora de los métodos de cultivo y la implantación de variedades de mayor calidad han elevado inequívocamente la categoría de sus vinos. Desgraciadamente, aún hoy el valor económico obtenido de la producción vitivinícola se encuentra por debajo de la media nacional, lo que obliga a nuevos y mayores esfuerzos cualitativos y comerciales, tanto por parte de la Administración de la comunidad como de los mismos operadores. El camino es mejorar el Vino de la Tierra y aumentar las denominaciones de origen. A este respecto, Castilla-La Mancha ya tiene ahora un discreto número de DO y, sobre todo, es la comunidad española con más DO Vino de Pago (producciones de alta calidad): hasta seis, sobre un total de nueve a nivel nacional. Las DO y los Vinos de la Tierra son productos que deben ser clasificados por una comisión de «cata» y comercializados con etiqueta. Así se tutela cada vez más la calidad, el origen y las características típicas de estos vinos y se va abandonando lentamente el comercio de vino a granel. Entre las DO de esta gran región administrativa, La Mancha es la más conocida y sin duda la más extendida (comprende 182 municipios y más de 250 bodegas), y también una de las que está haciendo mayores esfuerzos para mejorar sus vinos. Situada entre los ríos Guadiana, Tajo y Júcar, cuenta (si consideramos solamente las DO certificadas) con 190.000 hectáreas de viñas, lo que le vale el apelativo de «bodega de Europa». El clima es uniforme, con precipitaciones superiores a 400 mm de lluvia anuales, y el terreno es calcáreo y muy homogéneo.

LOS VIDUÑOS MANCHEGOS

La mayor parte de los viñedos están dedicados al cultivar blanco airén, cuyas vides se podan muy cortas, con los brotes a nivel de suelo para aprovechar y retener al máximo la humedad del terreno. Se obtienen vinos blancos, sutiles y ligeros. Entre las variedades de uvas tintas, la principal es la cencibel (tempranillo), de gran calidad. Pese a que continúa predominando la airén, últimamente La Mancha se está concentrando más en este último viduño, del que se obtienen tintos jóvenes o sometidos a un envejecimiento moderado en madera de roble: vinos gratos al paladar, suaves y fáciles de beber.

JUMILLA, YECLA
Y ALICANTE

Repartidas entre Murcia y Albacete se extienden 45.000 ha de viñas que pertenecen a la DO Jumilla. Su clima es muy continental: pocas precipitaciones, veranos asfixiantes e inviernos fríos. Las vides se plantan sobre suelos calcáreos, sueltos y pedregosos, y a menudo son de pie franco. Jumilla es la patria de la monastrell tinta, una variedad que ocupa el 90% del total de los cultivos, característica por la tonalidad azulada y oscura de sus racimos. El vino más emblemático de esta DO es el Jumilla-Monastrell, vinificado casi exclusivamente con esta variedad; cálida de alcoholes, la maduración en roble le confiere pulpa y un buqué complejo. También tiene mucho éxito la garnacha tintorera y precisamente de una mezcla de monastrell y garnacha se obtiene otro buen tinto: rubí y con reflejos violáceos, es un néctar de gran pulpa y personalidad que se consume joven.

Entre esta zona vinícola y Alicante se extiende la DO Yecla, con un clima asimismo decididamente continental, con un promedio anual de horas de sol altísimo (3.000) y con escasísimas precipitaciones. Los terrenos son pobres, generalmente calcáreos, pero por fortuna permeables, por lo que pueden absorber la escasa lluvia anual. En estas condiciones, aquí también destaca la variedad monastrell, que ocupa el 80% de los viñedos de Yecla. Asimismo se cultiva la garnacha y, entre las blancas, la merseguera y la verdil. Esta DO constituye un referente sobre todo en vinos tintos robustos de olor intenso, sabrosos y personales. En menor medida, también se producen néctares blancos y rosados, afrutados y con cuerpo.

En la provincia de Alicante, junto a las orillas del río Vinalopó, arraigan los viñedos de esta DO, que deben enfrentarse a una pluviometría escasa. La resistente monastrell continúa siendo la variedad más cultivada, seguida en orden de importancia por la garnacha tintorera, la bobal y la forcallat; también está presente la moscatel, aunque esencialmente en la zona de La Marina. Los tintos de esta DO son robustos y muy estructurados; con el paso de los años, desarrollan un color rubí intenso, un buqué característico y un paladar muy armónico y aterciopelado. El fondillón es un vino licoroso, de envejecimiento y gran intensidad aromática, tradicional de esta área.

UVA PARA POCOS
Gracias al terruño, de esta DO nacen los tintos con el color más intenso de todo el Levante. El clima es mediterráneo, con una temperatura media anual de entre 12 y 16 °C y un gran número de horas de sol. Las regulaciones prevén cuatro subzonas: Alto Turia, Valentino, Clariano y Moscatel de Valencia. En el Alto Turia, la variedad protagonista es la blanca merseguera; en Valentino, la malvasía, la pedro ximénez y la moscatel; en Clariano, la monastrell, y la moscatel romana en Moscatel de Valencia. Valencia es tierra de blancos aromáticos, frescos, afrutados, ligeros y almendrados; de tintos medianamente estructurados a base de monastrell, y de licorosos muy dulces, a veces madurados en roble.

EL BIERZO Y RUEDA, RINCONES SIN CONTAMINAR

Estas dos zonas pagan el precio de hallarse en la misma comunidad autónoma que la mucho más conocida Ribera del Duero. La DO Bierzo, en la provincia de León, ocupa una depresión circundada por importantes formaciones montañosas y está ligeramente abierta hacia el suroeste por el valle del río Sil, de donde recibe una influencia atlántica que le confiere beneficiosas características climáticas, mediterráneas y atlánticas a la vez: temperaturas suaves, alta insolación y buena aportación hídrica. Los viñedos ocupan 3.300 hectáreas, mayoritariamente a baja y media altimetría. El fondo de la depresión, a 400 metros sobre el nivel del mar, presenta un relieve llano, pero sus márgenes son accidentados y aquí los viñedos llegan hasta los 800 metros de altitud. La depresión está recubierta por sedimentos miocénicos y cuaternarios, mientras que en las laderas se encuentra pizarra primaria y esquistosa. En lo que se refiere a las variedades de uvas, sobresale la tinta mencía, junto a la garnacha tintorera y las blancas palomino, doña blanca, malvasía y godello. La mencía genera vinos afrutados y sabrosos cuando son jóvenes, pero que con el tiempo se vuelven elegantes y complejos sin perder sus cualidades afrutadas; en boca demuestran carácter, armonía y tersura.

Al sur de la provincia de Valladolid nos encontramos con Rueda, donde los inviernos son rigurosos y secos pero con muchas horas de sol, lo que permite alcanzar una perfecta maduración de las uvas y un alto contenido aromático. Sobre este terreno llano, a 700 metros sobre el nivel del mar, se extienden cerca de 6.600 hectáreas de viñedos. La poca fertilidad de estos suelos y las escasas precipitaciones determinan rendimientos muy bajos que juegan en favor de la calidad del fruto. El viduño blanco verdejo, característico de esta zona, imprime gran personalidad a los vinos. También se cultivan el viura, el palomino y algo de sauvignon. Rueda produce blancos con carácter, de un aroma sutil y finísimo, y un paladar fresco, amplio, equilibrado y con un retrogusto elegante. Asimismo se elaboran vinos generosos, envejecidos, que maduran en roble, además de néctares de estilo oxidativo, muy identificativos de la comarca, que se crían en madera.

LAS ZONAS MÁS PEQUEÑAS DE CASTILLA Y LEÓN: CIGALES Y TORO

La DO Cigales se halla al norte de Valladolid, en la parte septentrional de la depresión del Duero. La zona, que comprende doce municipios, está delimitada geográficamente por el macizo de Cervales y por los montes Torozos y alcanza 30 km de longitud y 15 de anchura. Sus 4.000 hectáreas de viñedos subsisten sobre terrenos arenosos, calcáreos y con yeso, arcilla y grava. El clima es continental y con influencias atlánticas. Se cultiva la variedad tinta del país (tempranillo), también la garnacha tinta y sobresalen los vinos rosados. Al sureste de Zamora se halla la DO Toro, que consta de 2.000 hectáreas de viñas plantadas en suelos sueltos, a veces pedregosos, de fertilidad escasa. El clima es también continental. Se cultivan las variedades tinta de Toro y garnacha, y las blancas malvasía y verdejo. Los vinos que le han dado fama a esta zona son los tintos: estructurados, cálidos, afrutados y, tras un envejecimiento moderado en roble, capaces de volverse bastante complejos.

JEREZ
Y EL SHERRY

Los fenicios llegaron al sur de España en el siglo XII a. C. y, tras establecerse en Gades (Cádiz), se dirigieron hacia el interior y fundaron Xera, la actual Jerez. Pero quienes ratificaron la tradición vitícola de la región fueron los griegos: puede decirse que el arrope (y el vino de color antiguamente) usado para la elaboración del jerez es fiel heredero del *hepsema* helénico (un néctar dulce y concentrado). Más adelante, fueron los romanos los que se involucraron en la economía vinícola plantando viñedos en vastas zonas de la península ibérica, especialmente para poder mandar a Roma grandes cantidades de este producto de primera necesidad. Incluso los árabes contribuyeron al desarrollo del jerez: tras la conquista del sur de España, en el siglo VIII d. C., llevaron consigo la técnica de la destilación, gracias a la cual aquí se comenzaron a destilar los excedentes de vino en alcohol. El resultado fue un vino muy apreciado en lugares tan lejanos como Inglaterra, donde se popularizó bajo el nombre árabe de la ciudad (*Sherish*), de donde deriva el sherry actual. La conquista cristiana de 1264 afianzó la actividad comercial y los mercaderes ingleses fueron los primeros en establecerse aquí para fundar bodegas. Amenazados a menudo por la Inquisición, consiguieron no ser expulsados de la zona gracias a su perseverancia; y tampoco perdieron el control de la situación cuando los acontecimientos históricos les hicieron objeto de represalias, por ejemplo tras el ataque de Francis Drake que destrozó a la flota española atracada en Cádiz (1588) o tras la victoria de lord Nelson en Trafalgar (1805). Gracias a estos indómitos comerciantes el vino fortificado de Jerez alcanzó gran difusión, y todavía continúa siendo uno de los vinos generosos más conocidos del mundo. Los mejores suelos del jerez (albarizas), blancos y con un alto poder absorbente, están ubicados a lo largo de la costa y en el valle del río Guadalquivir, en las cercanías de la ciudad portuaria de Sanlúcar de Barrameda. Es una de las comarcas vinícolas más calurosas de España, dominada por el Mediterráneo y por unos vientos cálidos (el levante), que secan y casi «cuecen» las uvas durante su maduración. Aunque también se beneficia de un viento húmedo atlántico (el poniente), que permite que el fermento *Saccharomyces beticus* se desarrolle sobre la piel de la variedad palomino. Esta levadura tan particular es la que permite que la película protectora de la flor se convierta en el fino de Jerez.

POCAS VARIEDADES PARA UNO DE LOS GRANDES GENEROSOS DEL PLANETA

Las variedades más extendidas en la circunscripción son la palomino y la pedro ximénez (PX). La primera es la uva principal del jerez, que encuentra en esta zona su mejor expresión. Por sí misma, genera un vino de baja acidez que se oxida fácilmente, pero aquí se forma sobre su piel el ya citado *Saccharomyces béticus*, el agente de la flor «mágica». El PX es un viduño más delicado que el palomino, aunque menos difundido, y se emplea sobre todo para los vinos dulces o para la producción de arrope. El otro cultivar que se usa aquí de la misma manera que el PX es el moscatel.

LOS DIFERENTES TIPOS DE JEREZ

El jerez se caracteriza por una amplia gama de variaciones que resultan, cada una en su género, fascinantes. En síntesis, son las que siguen. El **fino** es el jerez más pálido, más ligero y más seco, con un perfume de almendras marcado pero elegante. No presenta una acidez particularmente alta y su grado alcohólico, que se alcanza principalmente durante la fermentación, se mueve entre el 15,5% y el 17% de volumen. La **manzanilla** es un fino particular que procede de la zona de Sanlúcar de Barrameda, cuya cercanía al mar le confiere a esta versión unas notas yodadas y salinas particulares; se trata de un producto que con frecuencia es más ligero y elegante que el resto de finos. El **amontillado** es un jerez con un bonito color ámbar y con un intenso buqué de nogal. Su sabor es seco, pero ya más suave que el de un fino, y su grado alcohólico se mueve entre el 16% y el 18% de volumen. Su carácter viene dado por el hecho de que ha perdido la película protectora del velo de la flor y que, por tanto, ha sufrido un proceso de maduración oxidativo. El **oloroso**, con su revestimiento de color ámbar oscuro, es un vino más bien aromático, con una gran estructura y un grado alcohólico entre el 18% y el 20% de volumen. Puede ser seco o semiseco, con un contenido notable de glicerina. Se elabora añadiendo alcohol al vino tras la fermentación, para que luego se oxide lentamente en toneles que no se llenan del todo. El **palo cortado** se encuentra entre los dos últimos tipos descritos; es decir, entre un oloroso y un amontillado; su perfume a menudo lo acerca a este último, mientras que su sabor recuerda más al del oloroso. Tiene un color oscuro y un grado alcohólico que se mueve, en general, entre el 18% y el 20% de volumen. Se trata de una categoría muy singular y difícil de reproducir deliberadamente. El *cream* de jerez se divide en dos subtipos: en un caso es oscuro y ambarino y se obtiene a partir de un oloroso dulcificado con arrope (mosto de PX concentrado, cocido); la otra versión, llamada *pale cream*, se elabora con un fino dulcificado con dulce pasa, esto es, el mosto de las uvas palomino pasificadas al sol, prensadas y metidas en barricas para obtener un zumo dotado de un grado alcohólico del 9% de volumen y de una concentración de azúcares del 50%. El **pedro ximénez**, elaborado a partir de la uva homónima pasificada, es el jerez más dulce, suntuoso y glicerinoso, de un color oscuro, casi negro, y con un sabor y un olor riquísimos. Único en su género, combina de manera óptima con postres muy dulces, sobre todo a base de chocolate.

LA EVOLUCIÓN DE LA PASIFICACIÓN

La pasificación al sol se llama *soleo* y su objetivo es, obviamente, aumentar el grado de azúcar. Hasta los años sesenta se solían secar las uvas al sol sobre bastidores de esparto: la variedad palomino se dejaba secar entre 12 y 24 horas, mientras que el soleo de la PX y la moscatel duraba entre una y tres semanas. En cambio, hoy en día la palomino se vendimia un poco más tarde y se evita ese secado corto al que se le sometía, mientras que los otros dos tipos de uva se exponen al sol durante un periodo mucho más breve.

EL JEREZ, UN MUNDO COMPLEJO

P ara la elaboración del jerez, tras una moderada pasificación de las uvas, los racimos se despalillan y se estrujan suavemente; hace tiempo con los pies, hoy en día con prensas neumáticas modernas y delicadas. Al mosto así obtenido se le añade una pequeña cantidad de yeso (sulfato de calcio) para aumentar el grado del ácido tartárico, aunque esto es menos necesario si las uvas provienen de suelos de albariza, ya de por sí ricos en sulfato de calcio. Las pequeñas bodegas de Jerez todavía fermentan su vino en pequeños barriles de madera, pero la mayoría recurren al acero, una práctica que aumenta una pizca el contenido de alcohol, ya que no se puede evaporar ni queda absorbido por la madera. La fermentación se extiende entre 36 y 50 horas, hasta que el 90% del azúcar se ha transformado en alcohol, aunque el jerez obtenido a partir de uvas PX y moscatel presenta porcentajes de azúcar residual más elevados. Hoy en día, los enólogos saben de entrada qué mosto es el más adecuado para convertirse en un fino o en un oloroso. Lo pueden decidir ya en el campo, porque las uvas cultivadas en terrenos de albariza son idóneas para el seco y elegante fino, mientras que las que crecen en terrenos más arcillosos resultan más aptas para el oloroso. Finalizada la fermentación, hay dos opciones: en el caso del fino, es necesario añadir alcohol hasta una graduación total de por lo menos el 15% de volumen; en el del oloroso, la fortificación tiene que llegar hasta una graduación del 18%. A continuación, ambos tipos de jerez se introducen en toneles de roble americano de 516 litros. Las barricas que contienen el fino se llenan hasta cinco séptimas partes de su capacidad, para que el fermento tenga la posibilidad de desarrollar su característica capa protectora, llamada velo de flor. Los toneles se controlan regularmente para poder seleccionar posteriormente las diferentes partidas de vino. Si las barricas contienen fino se marcan con una Y, si es oloroso se marcan con √ y si se trata de un jerez que se encuentra entre el amontillado y el oloroso se le añade el carácter ¥. El velo de flor consume cualquier posible grado de azúcar residual, reduce la acidez volátil y el nivel de la glicerina y aumenta el de los ésteres y los aldehídos. Para mantener viva esa acidez, y para obtener una calidad muy uniforme del producto embotellado, la maduración se lleva a cabo con el particular método de criaderas y soleras, descrito a continuación.

LA MÁGICA ALQUIMIA DE LAS SOLERAS

Las botas más viejas son las que descansan en el suelo (la solera); sobre ellas se coloca un segundo nivel de madera, la primera criadera, que contiene un vino dos años más joven que el del nivel inferior, y así sucesivamente. Al embotellar, de la solera se saca solamente un tercio de vino cada año y se rellena con el de la primera criadera, que a su vez se rellena con el de la segunda, y así hasta llegar al ápice de la pirámide: de aquí se extrae un tercio de vino y se rellena con el de la última añada. La estructura suele tener ocho niveles pero para un jerez especial se pueden alcanzar veinte.

LA RIBERA DEL GUADIANA, POR UN NUEVO ENOTURISMO

La DO Ribera del Guadiana se extiende a través de la provincia de Badajoz y el suroeste de Cáceres, en la comunidad autónoma de Extremadura, junto a la frontera centro-meridional de Portugal. Las cerca de 4.000 hectáreas de esta denominación reciente están estructuradas en seis subzonas vinícolas, cada una con características y tradiciones enológicas propias. Son las siguientes: Cañamero y Montánchez en la provincia de Cáceres, y Ribera Alta, Ribera Baja, Tierra de Barros y Matanegra en la de Badajoz. En un territorio como el que ocupa la zona de producción de esta DO, es fácil encontrarse con distintos matices en lo que se refiere a la filosofía vitienológica. Sin embargo, existen también muchos elementos en común, como el clima (cálido en verano y templado en invierno), el origen geológico de los terrenos de la comarca vitivinícola en conjunto y una parte de las tradiciones de cultivo, que también contribuyen a otorgar elementos de uniformidad a la rica diversidad de las distintas producciones del territorio. Una diversidad que se expresa por medio de la elaboración de una variada tipología de vinos: blancos frescos, blancos estructurados fermentados en barrica, rosados interesantes y tintos para beber jóvenes y madurados, criados en pequeños barriles de roble. En todos los casos, se trata de vinos amplios, suaves, agradablemente cálidos, apenas acidulados y con una gama de aromas particulares que les confiere personalidad. El itinerario enoturístico de la Ribera del Guadiana serpentea por el interior de la provincia de Badajoz, en Extremadura, y guía al visitante a través del territorio y de sus tradiciones vitivinícolas con numerosas actividades vinculadas a la cultura del vino. Además de las numerosas bodegas que merecen una visita, cabe señalar el Museo de las Ciencias del Vino de Almendralejo, así como el tramo de la Vía de la Plata que atraviesa la ruta de norte a sur, pasando por las localidades de Medina de las Torres, Puebla de Sancho Pérez, Zafra, Los Santos de Maimona, Villafranca de los Barros, el propio Almendralejo y Torremejía. El recorrido también ofrece la oportunidad de saborear la gastronomía de la región, con denominaciones que regulan productos como el jamón ibérico, la carne bovina, el queso (la torta del casar) o el cordero. Son admirables las bellezas naturales de la región, como las áreas naturales protegidas de la Sierra Grande de Hornachos y las «tierras húmedas» de La Albuera.

UNA COMARCA HETEROGÉNEA

La DO Ribera del Guadiana produce blancos, tintos y rosados, así como cava (en Almendralejo), aunque la zona de referencia de este último sigue siendo Cataluña. Entre los blancos, destacan los que se producen con uvas macabeo y con las más autóctonas pardina, cayetana y eva. Los rosados presentan una gran frescura y notas afrutadas, perfectos para beber durante los calurosos veranos extremeños. Entre las variedades tintas, destaca la tempranillo, pero no faltan las internacionales merlot, cabernet y syrah.

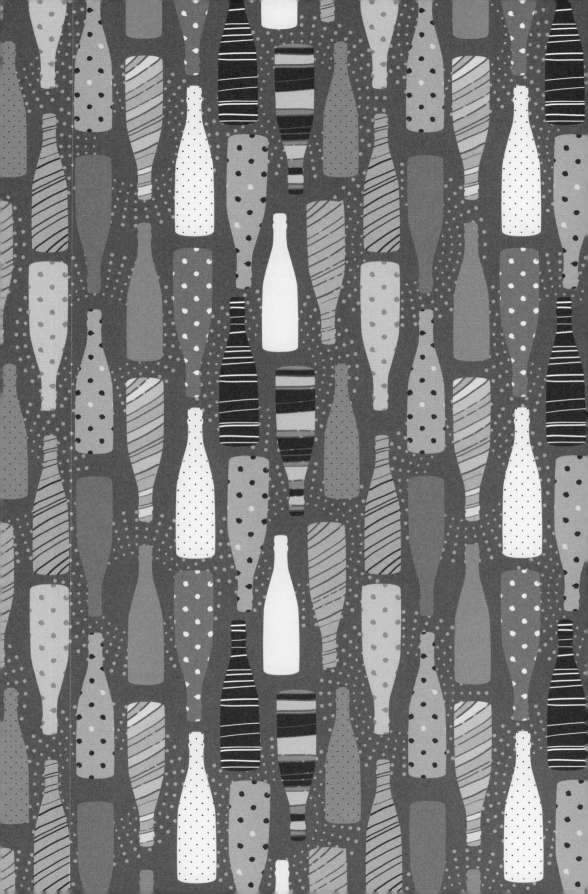

EL SOMONTANO, AL PIE DE LAS MONTAÑAS

C omo su propio nombre indica (*so-monte* o «bajo-monte»), esta región enológica se encuentra al pie de las montañas, en la parte más septentrional de la comunidad autónoma de Aragón, no lejos de los Pirineos. Pero las cordilleras que más condicionan aquí la viticultura son la sierra de Guara y la sierra de Salinas, unas elevaciones que protegen el Somontano de las influencias frías septentrionales y que crean un anfiteatro natural orientado hacia el sur con clima suave y buena pluviosidad, favorable al crecimiento de las viñas. Se trata de una DO relativamente reciente y no muy extensa, nacida por iniciativa del gobierno local, que a finales de los ochenta animó a la bodega Viñas del Vero a plantar tempranillo y cultivares internacionales para conferir mayor «universalidad» a los vinos locales producidos íntegramente con moristel y parraleta. A pesar de su gloriosa historia, Aragón va un paso atrás en términos de viticultura respecto a las limítrofes Navarra y Cataluña, también porque el clima de su vertiente occidental está poco protegido y el de la meridional es demasiado árido, de modo que la única zona verdaderamente significativa desde un punto de vista enológico es Somontano. Entendámonos, los vinos de esta región no alcanzan los niveles de calidad que se encuentran en la Ribera del Duero, La Rioja y el Priorat, pero sí resultan apreciables y fiables. Sus 2.000 hectáreas están concentradas casi en su totalidad en manos de tres heredades: la citada Viñas del Vero, Enate y la modélica cooperativa Bodega Pirineos, que invierten sin cesar en la mejora de la calidad de sus productos. Los néctares que se derivan son interesantes y pulposos, pero no pesados, gracias a terrenos sobre todo arenosos y a veces calcáreos y con gravilla. Además, los suelos son pobres en potasio, lo que limita su nivel de pH y proporciona unos vinos de frescura ácida. Las principales variedades que se cultivan hoy en día son las bordelesas, una tempranillo fragante, una chardonnay que se cuenta entre las mejores de España y algunos ejemplos interesantes de gewürztraminer secas. La región espera un fuerte impulso por parte de empresarios que la relancen definitivamente. En este sentido, un ejemplo virtuoso fue la aparición hace unos años de una finca con objetivos ambiciosos: Blecua, fundada por Viñas del Vero según el modelo de desarrollo típico de Napa Valley y coincidiendo con la llegada de enólogos de renombre.

LA BODEGA PIRINEOS Y SU FILOSOFÍA

Esta hacienda está demostrando ser la más activa en la salvaguarda de las variedades autóctonas de la región extrayendo hasta el último gramo de aroma del viduño moristel, ligero y con indicios de frutas del bosque, además de promover la fermentación maloláctica en barrica. También persevera con la variedad parraleta, que con rendimientos bajos ofrece una buena estructura y notas minerales. Entre las uvas elaboradas por la bodega, también encaja la macabeo, que se vendimia tardíamente para obtener un vino seco pero más graso y pulposo.

EL CAVA, EL ESPUMOSO DE ESPAÑA

En la zona catalana del Penedés, la tradición de los vinos espumosos se remonta al menos a 1872, cuando la empresa familiar Codorníu comenzó a elaborar un espumante con una segunda fermentación en botella bajo la guía de un enólogo de la Champaña. Se le llamó champán hasta que se decidió abandonar este apelativo ambiguo y en 1970 se creó el término *cava* para sustituirlo. En 1889, Codorníu asistió al nacimiento de su competidor más acérrimo, Freixenet. Ambas casas son todavía los mayores productores de cava del Penedés y continúan siendo propiedad de las mismas familias de origen. La industria del cava experimentó un gran impulso tras la llegada de la filoxera a Cataluña, cuando se arrancaron los viñedos que hasta entonces habían producido tintos robustos, y se volvieron a plantar cepas de espumosos. Hoy, la competitividad de la industria del cava reside en sus modernas instalaciones, con máquinas que efectúan un removido computarizado, las llamadas *girasoles*, que se utilizaron aquí por primera vez y con las que se simplificó notablemente la producción y se pudieron generar espumosos a precios bastante más bajos que los de sus homólogos franceses. El Penedés Medio es la zona más adecuada para la producción, gracias a sus terrenos calcáreos con fósiles marinos, arcilla y arena, que le confieren un buen drenaje hídrico. El clima es mediterráneo en la costa y semicontinental en el interior, con temperaturas medias que se mueven entre los 14 °C y los 30 °C durante el verano. Las variedades de uva utilizadas se plantan principalmente en espaldera y en vaso. La más extendida es la macabeo, seguida de la xarel·lo y la parellada. Con un racimo de piel fina, sensible a la *botrytis* y a las heladas primaverales, la macabeo se caracteriza por una buena acidez, lo que la predispone al envejecimiento; los perfumes que puede llegar a expresar son delicados, afrutados y florales, con aromas de miel y retornos de flores de almendro. La parellada, de color cebolla y oro antiguo, madura en septiembre y se vendimia en último lugar; su aroma es delicado, con un grado bajo de acidez y poca estructura. La xarel·lo, de racimo medio y poco sensible a las enfermedades, presenta buena acidez y confiere alma, estructura y persistencia. Además de estos cultivares, también se admite la chardonnay, que aporta un toque de elegancia, así como otras variedades menores.

CÓMO SE HACE EL CAVA

El cava se produce siguiendo el método clásico (champenoise), pero con uvas locales principalmente: macabeo, parellada y xarel·lo, las aútoctonas del Penedés. También están presentes la chardonnay, la pinot noir y la malvasía (estas dos últimas solo para el cava rosado). La maduración sobre las heces suele durar nueve meses para los cavas base, quince para los Reserva y treinta para los Gran Reserva. Actualmente, las fincas que elaboran cava son más de 250, para una producción total de aproximadamente 250 millones de botellas, que se exportan sobre todo a Alemania, el Reino Unido y Bélgica. El cava disfruta de una DO propia, que incluye solamente los vinos espumosos de Cataluña, Valencia, Aragón, Navarra, la Rioja y el País Vasco. En la práctica, sin embargo, más del 95% del cava se produce en el Penedés catalán.

LAS BALEARES, UN PATRIMONIO HISTÓRICO

E ste archipiélago se encuentra en el mar Mediterráneo y comprende más de cien islas e islotes, entre las cuales destacan Mallorca, Menorca, Ibiza, Formentera y Cabrera, las mayores y únicas habitadas. Las islas Baleares son Mediterráneo puro, pero sobre todo cultura, tradición y mar, con una viticultura que es una especie de compendio de todo este patrimonio natural y antropológico. Reconocidos hoy con dos denominaciones de origen y seis indicaciones geográficas, los viñedos de las Baleares ya eran muy apreciados por los antiguos romanos. La influencia del clima mediterráneo ha hecho que, durante siglos, las uvas que se producen aquí tengan un sabor muy particular y exhiban una personalidad interesante. Hasta mediados del siglo XIX se cultivaban viñas solamente en Mallorca, sobre una superficie de 30.000 hectáreas que, por desgracia, acabaron mayoritariamente destruidas a causa del oídio y, sobre todo, de la filoxera. Hoy en día, las islas cuentan con 3.000 hectáreas de viñas, con Mallorca todavía como líder enológico. La isla más extensa del archipiélago ostenta las dos DO baleáricas, ambas situadas en el interior: Binissalem, con las montañas de la sierra de Tramontana como telón de fondo, y Pla i Llevant, al nivel del mar. En las dos zonas, los lugares y los paisajes son de una belleza inigualable y las distintas bodegas ofrecen interesantes visitas guiadas. Orgullosa de sus DO, aquí las protagonistas son sobre todo las brillantes uvas autóctonas manto negro y callet. También en Ibiza, Formentera y Menorca se practica la vitivinicultura. El 70% de los vinos del archipiélago son tintos, a base de las ya citadas callet y manto negro, pero también de cabernet-sauvignon y tempranillo, utilizadas asimismo para producir rosados. No faltan las variedades de uva blanca, aunque son más marginales, desde la omnipresente chardonnay hasta las ibéricas macabeo, parellada y prensal. Los tintos del archipiélago, que maduran habitualmente en barricas de roble, presentan un envoltorio rojo rubí oscuro, un perfume intenso de frutas del bosque oscuras, especias suaves y matorral mediterráneo, además de un sabor cálido en alcohol y generoso en taninos. Son todos ellos néctares que tras sufrir un tiempo de desprecio hoy se están redescubriendo. Así está refloreciendo la opulencia de un antiguo pasado y se están alcanzando niveles cualitativos muy interesantes.

LOS VINOS AROMATIZADOS DE IBIZA Y MENORCA

Los viñedos de Mallorca, Ibiza y Menorca se cuentan entre los más pintorescos de España; las uvas maduran en un clima subtropical, con unas vides que se encaraman por las terrazas empinadas junto con los almendros y los naranjos. Dicho lo cual, ahí va una curiosidad sobre los vinos de Ibiza: durante su maduración en barrica, y para evitar que los toneles se obstruyan, a menudo se añade tomillo, con lo que el vino adquiere un aroma único. Al fin y al cabo, la aromatización natural de los vinos es aquí práctica común y en Menorca, por ejemplo, se recurre a extractos naturales y especiados.

LAS CANARIAS, UN (DIFÍCIL) PARAÍSO

E nvueltas por la brisa marina y coloreadas por el calor del sol, las islas Canarias exhiben las características propias de un paraíso en la tierra. Es un archipiélago del océano Atlántico con siete islas tropicales grandes y dos pequeñas, con cuatro parques naturales y que se enorgullece, más allá de estas bellezas, de un extenso sector vitivinícola en continua expansión. De hecho, esta región también ha participado con entusiasmo en el «juego» de las DO, hasta el punto de que La Palma, El Hierro, Lanzarote y Gran Canaria disponen de una cada una, y Tenerife tiene hasta cinco. Documentos históricos de absoluta confianza han permitido descubrir que la historia del vino en las Canarias se remonta a principios del siglo XV, cuando ya se ensalzaba por «estar dotado de una bondad extrema». Estas consideraciones óptimas se prolongaron hasta mediados del XIX, cuando los viñedos quedaron gravemente golpeados por los dos agentes patógenos que diezmaron su producción: el oídio y la filoxera. Pasaron decenios hasta que aparecieron las primeras señales de reactivación a nivel vitícola y comercial. Solo en 1992 se instituyó en Tenerife la primera DO de la región. Actualmente el archipiélago se enorgullece de una actividad enológica intensa y vivaz, con vinos de las DO que se exportan sobre todo a los Estados Unidos, Alemania, China y Rusia. «Tierra vitivinícola excepcional» es la definición que se le ha otorgado a este conjunto de islas cercanas a la calurosa África, a lo largo del sur de Marruecos y en el contexto de un clima con escasísimas precipitaciones y templado durante todo el año. Las peculiaridades relativas a la aridez climática y a los terrenos volcánicos típicos del archipiélago son parecidas a las de algunas zonas de Italia (Etna, Pantelaria, las islas Eolias), capaces de convertir las dificultades climáticas (para la viticultura) en un factor favorable de mejora progresiva para sus vinos. Un aspecto que convierte en únicos los vinos de las Canarias es la misma constitución de los suelos volcánicos, revestidos con un manto de lava desmigajada y abrazados por el calor de los alisios. El cultivo de las vides aquí también es particular, ya que crecen en depresiones recubiertas con cenizas volcánicas que protegen las plantas de forma natural contra las enfermedades, las nutren y les aportan las dosis justas de humedad. En estas fosas de cenizas, al abrigo de paredes de roca volcánica, las cepas nacen y prosiguen su trayecto vital por medio de la selección natural.

LA FELIZ EVOLUCIÓN DEL ARCHIPIÉLAGO

El tiempo, la experiencia y la evolución de los consumidores son variables que provocan cambios, también en el ámbito vinícola. En las Canarias, los vinos excepcionales, en particular los producidos antes de la filoxera, eran néctares dulces naturales o pasificados; en cambio hoy la producción se ha desplazado hacia unos vinos más comerciales (pero de igual calidad), tintos, blancos y rosados secos, a partir, entre otras cosas, de una mejor valoración de los suelos volcánicos. En el archipiélago se cultivan 33 variedades de uvas y su néctar más condecorado es el tinto Tacoronte-Acentejo.

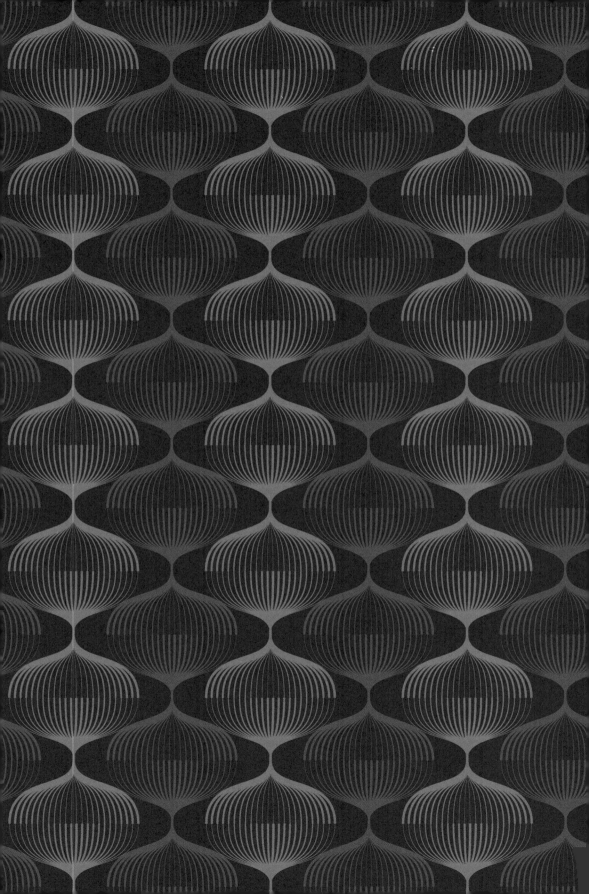

APÉNDICES

APÉNDICES

LAS PALABRAS
DEL VINO

He aquí un breve glosario dedicado a las palabras que encontramos a menudo en nuestro viaje dedicado a los vinos y a la enología. Las «palabras del vino» son en realidad miles, que componen un auténtico diccionario, casi una lengua aparte. Por consiguiente, este pequeño vademécum no pretende ser completo o exhaustivo, sino definir las bases del vocabulario principal que suele manejarse cuando se habla de vino.

ABOCADO

Designa un vino con un sabor que tiende ligeramente hacia lo dulce a causa de la presencia de azúcares residuales (en general entre los 6 y los 20 g/l), que el proceso de fermentación no ha transformado en alcohol.

ABONADO

Se refiere a la operación de enriquecimiento del terreno con fertilizantes para favorecer la salud y el crecimiento de los cultivos. Se puede llevar a cabo únicamente en la superficie del terreno (abonado foliar) o en todo él. En el cultivo de la vid se distinguen tres tipos de abonado:

- el que se lleva a cabo solo durante la fase de implantación (se enriquece el suelo con potasio, fósforo y materia orgánica);
- el anual, llamado «de restitución», para devolverle al terreno lo que las plantas le han quitado durante el año precedente,
- y el de emergencia, habitualmente de carácter foliar, para aportar elementos nutritivos de manera rápida.

ACERBO

Designa un vino que aún no está maduro y que se caracteriza por la presencia de un exceso de sustancias ácidas que confieren a su sabor unas desagradables notas de la fruta verde, que no ha madurado todavía.

ACIDEZ

Índice de la cantidad de ácidos que contienen el mosto y el vino; se expresa en g/l de ácido tartárico y se mueve entre los 4 y los 15 g/l. La acidez se debe principalmente a tres ácidos: el ácido tartárico (entre 2 y 5 g/l, es el más importante en volumen en el vino), el ácido málico (presente en proporciones elevadas en los vinos jóvenes, a los que confiere un sabor acerbo que desaparece o disminuye durante las fases de transformación de la uva y, en particular, tras la fermentación maloláctica) y, en menor medida, el ácido cítrico (presente en bajas concentraciones en el vino, al que le confiere un agradable sabor acidulado). En general, un valor bajo de acidez confiere frescura al vino, mientras que un valor elevado lo vuelve áspero y acre. En su justa medida, la acidez le confiere vivacidad al vino y favorece su conservación; el contenido en ácidos tiene que estar perfectamente equilibrado.

AFRUTADO

Se dice de un vino cuyo perfume recuerda a diversas clases de frutas, tanto frescas como maduras o exóticas, e incluso a confituras de frutas.

ALCOHÓLICO

Con este término se designa a veces un vino robusto y con cuerpo, con un alto grado de alcohol, aunque la palabra también puede hacer referencia a un vino poco equilibrado por la presencia excesiva de alcohol.

ALTITUD

Indica la altura de un lugar sobre el nivel del mar. Influye en el clima y, en particular, en la temperatura y, como consecuencia, en la elección del tipo de cultivo. En los relieves montañosos, la zona óptima para el cultivo de la viña es la que los climatólogos definen como *thermal belt* o «franja cálida». Se trata de una área definida de las laderas en las que confluye el calentamiento de aire del valle y el enfriamiento de las cumbres, otorgándoles así una temperatura más o menos constante y un daño mínimo por heladas. Por otro lado, en las cotas elevadas aumentan las radiaciones solares y ultravioletas, fenómeno que determina una mayor acumulación de polifenoles en el racimo, lo que conferirá al vino cuerpo y color. También se produce una mayor ventilación y se reduce la humedad relativa, lo que protege a la viña de numerosas enfermedades.

AMABLE

Se dice de un vino ligeramente dulce por la presencia de azúcares que no se han transformado en alcohol, generalmente en una cantidad comprendida entre los 14 y 25 g/l.

AMPELOGRAFÍA

Es la disciplina que estudia, identifica y clasifica todas las variedades de la vid, y que describe las características de los diversos órganos de la planta (el ápice del brote, la hoja, el racimo, el grano de uva) en el transcurso de las distintas fases de desarrollo (germinación, crecimiento de los brotes, floración).

ANÁLISIS SENSORIAL

Con este término nos referimos al examen de las propiedades organolépticas de un producto mediante los órganos de los sentidos. Se trata de un instrumento analítico que presenta un amplio abanico de acciones, que también cambian en función de las características de un producto.

ANTOCIANINAS

Se trata de compuestos químicos orgánicos que pertenecen a la familia de los flavonoides, presentes en la piel de los granos de uva y responsables del color rojo oscuro del vino.

AÑADA

En enología indica el año en que se llevó a cabo la vendimia de la uva, de lo que se deduce la edad del vino. La añada se puede hacer constar en la etiqueta solamente si el vino ha sido elaborado con el 85% de uvas vendimiadas en el mismo año.

AROMAS

Principios olorosos agradables que un vino adquiere con el envejecimiento. Existen tres tipos de aromas. Los primarios están presentes en la uva y confieren al vino su olor característico, los secundarios son producidos por las levaduras durante la fermentación, los terciarios o de evolución, finalmente, se forman durante la maduración del vino.

ASTRINGENTE

Se dice de un vino que seca el paladar (a causa de la acción de los taninos). En muchos casos puede tratarse de un vino joven, precisamente todavía muy tánico.

ATADURA

Operación que se puede hacer a mano o mecánicamente en los cultivos y que consiste en atar los sarmientos y los brotes de la vid a los alambres que la sostienen para imponerle una forma en su crecimiento y para evitar que la vegetación vuelva a caer hacia abajo. Los materiales que se utilizan pueden ser de origen vegetal, o bien se pueden usar ataduras sintéticas.

AUSLESE

Término alemán que significa «escogido, seleccionado». Se emplea para destacar los mejores vinos alemanes, austriacos y de la zona del Alto Adige, elaborados durante las mejores añadas con uvas cuyos racimos se han seleccionado manualmente en la viña.

BARRICA

Pequeño tonel de roble, con una capacidad de 225 litros, típico de la región de Burdeos, pero extendido ya por todo el mundo. Se emplea para la crianza (conservación de vinos de calidad, en general en madera, para mejorar sus características organolépticas) del vino tinto, y en ocasiones también la crianza y la fermentación del vino blanco. Se construye con duelas no serradas sino obtenidas por escisión y plegadas a través del calor que desprende el fuego aplicado en su interior. Además de ceder al vino parte de sus taninos y de sus componentes aromáticos (perfumes de vainilla y un trasfondo tostado), gracias a la modesta porosidad de las duelas la barrica facilita un intercambio limitado del oxígeno presente en el exterior, lo que permite la microoxigenación del vino y lo preserva de oxidaciones bruscas.

BASTIDORES

Se trata de estructuras de madera o de otros materiales sobre las que se extienden los racimos de uva para su sobremaduración, en el caso de la elaboración de vinos pasificados, o para la desecación, en el caso de la producción de uvas pasas.

BAZUQUEO

Durante el proceso de fermentación del vino tinto, ciertas partes sólidas de la uva suelen subir a la superficie y formar una capa (el «sombrero»). El bazuqueo consiste en romperla y hundir esos componentes (básicamente los hollejos) para que vuelvan a quedar en contacto con la masa líquida y le otorguen el color y los taninos deseados.

BIODINÁMICA, AGRICULTURA

Se trata de una técnica agraria elaborada en 1924 por Rudolf Steiner, filósofo e investigador austriaco, para evitar los daños provocados por el uso masivo de la química en la agricultura. Quien practica este tipo de agricultura, solo utiliza desechos orgánicos, lleva a cabo las operaciones de cultivo observando el calendario lunar y planetario y el abonado de calidad enterrando materiales biológicos, además de recurrir a las rotaciones agrícolas y a técnicas de elaboración que no empobrezcan demasiado el terreno. En el ámbito enológico, los vinos se pueden calificar como procedentes de la viticultura biodinámica solamente si: los viñedos se cultivan sin utilizar sustancias químicas de síntesis, respetando la vid y sus ciclos naturales; las uvas de origen están perfectamente sanas, recogidas en su madurez fisiológica; el lapso entre la vendimia y el prensado es mínimo; a los mostos no se les añade dióxido de azufre u otros aditivos; se utilizan solamente levaduras autóctonas, y los vinos maduran sobre sus propios posos finos hasta el embotellamiento.

BLANDO

Se dice del vino poco alcohólico, con escasez de taninos y de acidez, que acaba resultando falto de consistencia e insípido en el paladar.

BOTELLA

Las botellas más extendidas son: la borgoñona, con una forma barriguda, de color verde o marrón y utilizada para los vinos tintos; la renana, de forma elegante y ahusada, de color verde o blanco, que se usa para los vinos blancos, rosados, pasificados o licorosos; la bordelesa, de forma cilíndrica y con el cuello corto, de color blanco, verde oliva o rojo oscuro y que se utiliza sobre todo para los tintos; la de champán, de color verde o blanco, parecida a la borgoñona pero más hinchada en la parte central y que se emplea para el champán y los vinos espumosos; también cabe mencionar otras como la de Alba, de cristal oscuro, forma cilíndrica y hombros poco pronunciados,

usada sobre todo para los vinos tintos piamonteses, o la jerezana, típica del sherry y otros generosos, de vidrio muy oscuro y con un gollete pronunciado. El volumen estándar de las botellas de vino es de 0,750 l.

BOTRITIS

Se trata de una enfermedad de la viña provocada por el hongo *Botrytis cinerea*. En un primer momento, en la vid infectada aparecen manchas pardas y de podredumbres blandas en el exterior de la uva; posteriormente, si el clima es seco, el grano se marchita, y si es húmedo, se recubre de un moho grisáceo. En condiciones climáticas especiales, el hongo también afecta al interior del grano y aumenta su contenido aromático y en azúcares. Este tipo de botritis benévola, llamada «podredumbre noble», acaba otorgando sabores y perfumes característicos y resulta indispensable para la producción de famosos vinos para postre, como el sauternes y el tokay.

BUQUÉ

Es un término francés que define la complejidad de aromas y perfumes que el vino adquiere con la maduración y el envejecimiento.

CÁPSULA

Es el envoltorio que recubre el tapón y la embocadura de la botella. Se usa para darle un aspecto elegante al acabado y para proteger la boca de sustancias contaminantes.

CARATELLO

Pequeño barril italiano con una capacidad variable, entre 25 y 100 l, normalmente de madera de roble, usado tradicionalmente en la Toscana para el envejecimiento del vino de postre Vin Santo.

CARTA DE VINOS

Es la lista de los vinos que el restaurador ofrece a la clientela para ayudarla a escoger el vino que acompañará a la comida. La carta de vinos, subdividida en tipos (tintos, blancos, rosados, de postre, espumosos), informa sobre el nombre del vino y del productor, el lugar de procedencia, la añada, el precio y a menudo también el grado alcohólico y la capacidad de la botella.

CAVEAU

El término hace referencia a la bodega, habitualmente de pequeñas dimensiones, en la que reposan botellas de gran valor, a menudo destacada como la *cripta*. En ocasiones también designa la estancia en la que tienen lugar las catas.

CEMENTO, CONTENEDORES DE

Los contenedores construidos con este material destinados a la conservación del vino y a la fermentación de las uvas garantizan una buena hermeticidad y una buena neutralidad química, siempre que estén bien limpios y revestidos con una capa de resina; además, son multifuncionales, porque están adaptados tanto para la vinificación como para la conservación, y permiten, gracias a la racionalidad de sus formas, aprovechar por completo la capacidad de las bodegas. Respecto a los contenedores de madera, sin embargo, son más difíciles de limpiar y el vino corre el riesgo de desacidificarse si no están bien protegidos.

CLARIFICACIÓN

Es la operación que lleva a la eliminación de los residuos sólidos que se hallan en suspensión en el mosto, o bien en un vino turbio. Puede producirse de manera espontánea o bien mediante procedimientos diversos (por ejemplo, la filtración o la centrifugación).

CLIMA Y VITICULTURA

Existe un vínculo estrecho entre el clima de un territorio y la calidad y particularidades de su producción. Las áreas favorables para la viticultura se identifican a partir de los valores medios mensuales de temperatura y precipitaciones. En el hemisferio norte, el cultivo de la vid está consolidado sobre todo en zonas de clima mediterráneo, es decir, donde el 70% de las precipitaciones anuales caen durante el semestre invernal, del 1 de octubre al 31 de marzo. En la viticultura, los climas locales y los microclimas se investigan evaluando las características de las radiaciones solares, térmicas, pluviométricas e hidrométricas incluso en extensiones de territorio muy reducidas. Dado el estrecho vínculo entre las microcaracterísticas del terreno y la producción, este estudio resulta fundamental para la viticultura.

CLON

Se trata de una entidad subvarietal que se distingue de la población de las plantas de aquella variedad tras unas mutaciones genéticas que repercuten en algunos de sus aspectos morfológicos (racimo, hoja, grano de uva) y fisiológicos. Para que un clon se pueda identificar, debe poder distinguirse de la población varietal (es decir, la variedad común), mantener las características propias de manera estable y transmitirlas a su descendencia mediante la multiplicación vegetativa.

COCHINILLAS

Son unos insectos que viven a costa de la planta y la perjudican. En la vid, se alimentan a partir de la savia de los sarmientos que van sorbiendo hasta acabar causando su debilitamiento general. Cuando digieren la savia, secretan ligamaza, un líquido azucarado que, al caer sobre los racimos, los convierten en objetivos para el ataque de los mohos.

COLLARÍN

Parte optativa del etiquetado de las botellas que suele tener forma de cinta o media luna y que contiene indicaciones como el sello de garantía o la añada de producción.

COMPUESTOS VOLÁTILES

Son sustancias que pasan con facilidad al estado gaseoso y que nuestro olfato puede percibir cuando se presentan en concentraciones elevadas. En el vino, estas sustancias olorosas están presentes en grandes cantidades. Los compuestos volátiles constituyen el aroma primario del vino y proceden de la uva; durante la fermentación y la maduración se generan los aromas secundarios y terciarios.

CONCENTRACIÓN

Es una práctica enológica que permite eliminar del mosto una cierta cantidad de agua para aumentar el grado de azúcar y, en consecuencia, la graduación alcohólica del vino. Los concentradores en caliente sustraen el agua por evaporación, mientras que los que lo hacen en frío la eliminan por congelación. También se puede intervenir para aumentar la graduación alcohólica de un vino débil y para elaborar los vinos especiales (con un 15-18% de alcohol). La ley suele permitir practicar la concentración una vez, o bien en el mosto o bien en el vino.

CORCHO

Su primera aparición en el campo enológico se debe al abad Dom Perignon, que lo utilizó para producir tapones con los que embotellar los vinos espumosos, ya que se adaptaba mejor a los cuellos irregulares de las botellas. Por sus características el corcho continúa siendo ideal para fabricar tapones, por su ligereza, su elasticidad, con la que consigue adherirse perfectamente a la superficie interior del cuello de la botella y evitar el paso del oxígeno, su elevada impermeabilidad a los líquidos y los gases, además de su maleabilidad.

CORTO

Término utilizado para designar un vino poco persistente.

COUPAGE

Término francés que significa «corte» con el que se designa el ensamblaje de vinos a partir de uvas, normalmente procedentes de viñedos distintos.

CRU

Término francés para indicar un terreno delimitado, particularmente adecuado, del que se obtiene un vino de calidad superior. Los vinos que se obtienen de un viñedo *cru* gozan de la denominación Grand Cru o Premier Cru.

CULTIVAR

Este término botánico es un acrónimo del inglés *cultivated variety*, es decir, «variedad cultivada». Se utiliza para señalar un tipo de planta cultivada por contar con una característica determinada (un tamaño, un color, un tipo de semilla…), que la define y que es permanente, es decir, que traspasará a sus descendientes. En el ámbito que nos mueve, se utiliza para indicar una determinada variedad de cepa y de uva.

CUVÉE

En su acepción más común, el término hace referencia al ensamblaje producido en una cuba (*cuvée* en francés), especialmente en los vinos espumosos. Sin embargo, dado que la mayoría de vinos se almacenan así en algún momento de su producción, sobre todo en Francia la palabra suele reservarse para designar una mezcla especial, surgida de una tina seleccionada o de mayor calidad (de ahí términos más específicos como *cuvée speciale* o *tête de couvée*). También se define como *cuvée* el mosto obtenido en el primer prensado de las uvas.

DECANTACIÓN

Fase del proceso de servir el vino que consiste en su trasvase de la botella a otro recipiente de base ancha, para oxigenarlo o liberarlo de eventuales residuos (es decir, las partículas sólidas que se separan del fluido en que se encuentran en suspensión y que por efecto de la gravedad se depositarán en el fondo).

DECANTADOR

Recipiente de vidrio o de cristal que sirve para llevar a cabo la decantación y servir los vinos envejecidos. A causa de su trasparen-cia y brillantez, el mejor es el de cristal con un 24% de plomo. Su forma garantiza una perfecta oxigenación del vino: la base ancha y plana permite que la superficie del líquido en contacto con el oxígeno sea amplia, a la vez que el cuello estrecho y largo impide la entrada violenta del oxígeno y la fuga de los aromas, que comprometerían la correcta evolución del vino.

DÉGORGEMENT

Término francés que en español equivale al «degüelle». En la elaboración de los espumosos según el método tradicional, consiste en eliminar el poso de las levaduras (lías) que trabajan durante la segunda fermentación y que se acumulan en el cuello de la botella tras el removido de la misma. En el degüelle mecánico se sumerge ese cuello de la botella en una solución a −25 °C aproximadamente, lo que provoca la congelación de cerca de dos centímetros de líquido. A continuación se extrae el tapón provisional de la botella y la presión interna expulsa el hielo que contiene las heces.

DENSIDAD DE IMPLANTACIÓN

Indica el número de plantas cultivadas por hectárea. Se considera alta cuando hay 5.000 plantas por hectárea, media de 3.000 a 5.000, y baja con menos de 3.000 por hectárea.

DENTERA

Se dice de la reacción de astringencia que se percibe en los dientes a causa de un vino muy ácido o tánico.

DEPÓSITOS

Son sustancias de naturaleza diversa (como por ejemplo, levaduras residuales) que, tras desencadenarse, se depositan en el fondo y en las paredes del contenedor de vino. Cuando estos se encuentran en la botella pueden indicar que no se ha intervenido excesivamente en el proceso de filtrado o clarificación. O, al contrario, pueden señalar una estabilización inadecuada del vino.

DESPALILLADO

Operación que generalmente se ejecuta a la vez que el prensado consistente en separar los granos de uva del raspón. Los beneficios del despalillado consisten en una mayor economía de espacio y en una mejora de la vista, el olor y el sabor del vino.

DIÓXIDO DE AZUFRE

Es un compuesto químico gaseoso que, gracias a sus propiedades antimicrobianas y antioxidantes, posee la capacidad de inhibir el desarrollo de microorganismos, como las bacterias acéticas y las lácticas, que alteran las características del vino.

DIÓXIDO DE CARBONO

Es el gas que se genera al mismo tiempo que el alcohol etílico durante la fermentación alcohólica. En el transcurso de los procesos de maduración del vino, el dióxido de carbono tiende a perderse de manera natural. En los vinos de aguja y en los espumosos, la permanencia del anhídrido carbónico origina las llamadas «burbujas».

DOSAJE

Los vinos espumosos necesitan añadir un líquido azucarado para su formación. El que se incorpora en el momento de la segunda fermentación, es decir, durante el embotellado (tiraje) incluye asimismo levaduras que provocarán la generación de espuma. Este *licor de tiraje* se distingue del *licor de expedición*, que se agrega al final del ciclo de la elaboración, después del degüelle, precisamente para compensar la pérdida de azúcares durante la fermentación y conferir al vino el grado justo de dulzura. Es lo que se llama *dosage* o dosaje.

EFERVESCENCIA

Característica de los vinos de aguja y de los espumosos a causa de la presencia de anhídrido carbónico.

ENFERMEDADES DE LA VID

Las causas de las enfermedades pueden ser diversas:

- insectos (por ejemplo, la polilla de la vid, una especie de mariposa);
- fitoplasmas (flavescencia dorada: las hojas se abarquillan y adquieren una coloración anómala, y a continuación se observa una deshidratación progresiva de los granos de uva hasta que el racimo se reseca del todo);
- virus que provocan que la vid quede enana o que ocurran retrasos y dificultades en la maduración de la uva;
- hongos (por ejemplo el mildiu, el oídio, la *Botrytis* o «podredumbre gris»...).

Generalmente, todas estas enfermedades se combaten utilizando fitosanitarios específicos.

ENFERMEDADES DEL VINO

Son modificaciones patológicas de la composición química del vino causadas por la acción de microorganismos. Se dividen en:

- Enfermedades aeróbicas (debidas a la presencia de oxígeno), como las flores del vino, que se manifiesta con un fino velo blanquecino en su superficie y una consiguiente alteración del olor y del sabor, o la picadura, por la que el vino pierde graduación alcohólica y sabor, y el componente acético se convierte en predominante.
- Enfermedades anaeróbicas (que se desarrollan en ausencia de oxígeno), como el sabor acre, causado por una bacteria que transforma la glicerina en aldehídos, que generan sustancias amargas; la grasa, cuando el vino asume un aspecto pegajoso y turbio; y la vuelta o rebote, que confiere al vino un olor y un sabor desagradables, como de col fermentada.

ENSAMBLAJE

Es este uno de los momentos más delicados en la elaboración del vino: la mezcla del primer caldo con otros obtenidos de uvas distintas vinificadas separadamente (*coupage*). Son estos los llamados vinos de base o de corte, pues su objetivo es crear un tercero de calidad superior. En los espumosos esta operación está siempre presente y resulta fundamental. El arte del enólogo consiste en saber mezclarlos de manera armónica, potenciando virtudes y limando defectos de cada uno, para crear un resultado equilibrado en su perfume y en su sabor, y que exprese el estilo de la bodega que lo produce. Aunque puede aparecer como sinónimo de *coupage*, para el ensamblaje de espumosos y especialmente cuando este se basa en los mejores vinos, se suele preferir el término *cuvée*.

ENTURBIAMIENTO

Modificación de la limpidez del vino a causa de alteraciones fisicoquímicas provocadas por la presencia de sustancias que resultan insolubles.

ENVEJECIMIENTO

Término utilizado para indicar la maduración del vino, aunque hoy tiende a utilizarse menos por la connotación negativa que ha adquirido al comprenderse que la grandeza de un vino no se encuentra tanto en su vejez como en su longevidad.

ENYERBADO

Designa una práctica del cultivo que consiste en conservar en el viñedo una capa herbosa con el fin de mejorar el terreno desde el punto de vista físico, químico y biológico. Una vez estabilizado gracias a los procesos de mineralización que restituyen elementos minerales a los estratos superficiales del terreno, el prado permite que se limite la erosión de los nitratos y desempeña una función reguladora de la disponibilidad de nitrógeno en el terreno. Además, contribuye a mejorar la estructura del suelo, favoreciendo la penetración del agua y las condiciones de ventilación, y aumenta la sustentación del terreno, reduciendo los riesgos de compactación. También a causa de una infiltración más rápida del agua y del efecto de detención que ejercen las raíces en las partículas del terreno, se reducen mucho los fenómenos erosivos de los suelos en pendiente.

ÉSTERES

Son compuestos químicos orgánicos que se forman a causa de la reacción entre un ácido y un alcohol. Los generados durante la fermentación alcohólica son moléculas más ligeras que otorgan al vino una nota floral y afrutada de ciruela seca, manzana o plátano; los que se forman en el proceso de envejecimiento del vino son los responsables de los aromas terciarios.

ESTRUJADO

Después de la vendimia y selección de las uvas, estas se pesan y se prensan o «estrujan» para romper el hollejo de los granos y liberar así la pulpa y los jugos, de manera que pueda comenzar el proceso de transformación del mosto en vino.

ÉTERES

Compuestos químicos orgánicos que se forman en el vino durante las fases del envejecimiento a causa de la eliminación del agua presente en el alcohol. Los éteres confieren al vino una aromaticidad agradable.

EVANESCENTE

Se dice del vino espumoso que se caracteriza por la escasa persistencia del perlaje o *pérlage*, esto es, el efecto de las burbujas al dispersarse como perlas en la copa.

EVOLUCIONADO

Se dice de un vino que durante su conservación ha sufrido modificaciones (en sentido positivo o negativo) y ha desarrollado perfumes y aromas nuevos.

EXPOSICIÓN

En viticultura indica la dirección hacia la que se orientan los bancales en pendiente respecto a los puntos cardinales. Para conseguir la mejor irradiación solar, las exposiciones más eficaces son las que están orientadas hacia el sur y hacia el oeste, particularmente adecuadas para la producción de vinos tintos de calidad. Las exposiciones hacia el norte y hacia el este resultan menos soleadas, pero en las regiones cálidas y áridas son las preferidas para las variedades de uvas blancas tempranas que sirven de base a vinos aromáticos y con buena acidez.

FENOLES

Compuestos químicos orgánicos altamente reactivos, con características ácidas, que están presentes en los vinos y en los mostos.

FERMENTACIÓN

Se trata de un proceso químico que tiene lugar durante la elaboración del vino. Existen diversos tipos de fermentación. En la fermentación alcohólica el azúcar se transforma en alcohol y ácido carbónico, y el mosto en vino. La fermentación completa va un paso más allá, pues es la alcohólica llevada hasta el agotamiento total de los azúcares fermentables (de modo que el vino no presenta residuos dulces). La fermentación en botella es la práctica que sigue el método *champegnoise* o tradicional para elaborar vinos espumosos y consiste en la provocación de una segunda fermentación en botella. Finalmente, la fermentación maloláctica transforma el ácido málico en ácido láctico al introducir bacterias lácticas para rebajar el contenido de los ácidos presentes en un vino.

FILOXERA

El enemigo más peligroso de la vid, a la que ataca por las raíces y provoca un deterioro que acaba con su muerte. Llegado a Europa desde América en 1860, este pulgón asoló gran parte de las plantas, con gravísimas consecuencias para la industria vinícola del continente. La devastación solo logró detenerse con injertos de *Vitis vinifera* en sistemas de raíces procedentes de vides americanas, resistentes al parásito, pues en estas provocaba daños en la parte aérea, pero no en las raíces.

FILTRACIÓN

Operación que intenta eliminar del vino las sustancias en suspensión mediante filtros apropiados; habitualmente se critica su uso para vinos de alta calidad, ya que provoca una pérdida de la intensidad del color y puede privar al producto de elementos apreciados. En general se lleva a cabo con filtros de placas y capas de celulosa o de trípoli muy finas.

FLOJO

Término utilizado en la degustación para describir un vino de estructura y sabor pastosos y no agresivos, sin carácter.

FLORACIÓN

Designa una de las fases del subciclo vegetativo de la vid que se desarrolla desde mitad de mayo hasta mitad de junio (hemisferio norte) o entre noviembre y diciembre (hemisferio sur) y que se ve favorecida por un tiempo cálido, seco y ligeramente ventilado. Los raspones se cargan de inflorescencias, las flores se abren y se produce la fecundación. La floración de un racimo se prolonga durante 4-6 días, la de los racimos de una sola planta dura entre 7 y 10, y la de todo el viñedo se extiende entre 10 y 15.

FLORAL

Se dice de un vino cuyo perfume recuerda al de las flores, por ejemplo de acacia o de espino blanco.

FUDRE

Tonel de grandes dimensiones (puede llegar a los 150 hectolitros) fabricado generalmente con madera de roble o nogal. Se utiliza para conservar y madurar el vino. En este contenedor, el oxígeno pasa más lentamente a través de las paredes y la superficie líquida en contacto con la madera es menor.

GOUDRON

Término francés que significa «alquitrán» y que define el perfume amargo, ligero y agradable de los grandes vinos añejos y bien conservados.

GRADO ALCOHÓLICO

Es la medida del contenido de alcohol etílico, expresada con una cifra que indica los mililitros de alcohol presentes en cada 100 ml del producto (% en volumen).

GRANO DE UVA

Es la parte del racimo en la que se concentra lo que contribuirá a generar el vino. Se compone de tres partes: la piel, la pulpa y las pepitas. La piel es rica en sustancias aromáticas y polifenoles, decisivos para el color y para algunas características gustativas del vino; puede ser más o menos consistente y está recubierta de pruina, una sustancia cerosa que hace que el grano sea impermeable al agua. La pulpa está compuesta por una zona central, alrededor de las semillas, que es rica en ácidos, una intermedia rica en azúcares y una externa rica en taninos y componentes aromáticos. Los elementos menos significativos son las pepitas, unas pequeñas semillas presentes en el interior del grano que son ricas en sustancias leñosas y grasas. Cuando ya ha madurado, el grano de uva presenta formas, dimensiones y colores variables relacionados con factores genéticos, fisiológicos y ambientales. La forma puede ser esférica, aplanada, elipsoidal o arqueada, las dimensiones se mueven entre los 15 y los 30 mm y el color asume diversas gradaciones que van del verde al amarillo, del rosado al rojo y del azul al negro.

GUERIDÓN

Pequeña mesa auxiliar que utiliza el sumiller durante el servicio del vino.

GUYOT

Método de poda típico de zonas como la Borgoña, basado en un tipo de conducción de la vid en espaldera.

HOLLEJO

Es el conjunto de las capas más externas del grano de uva, donde se encuentran la mayor parte de las sustancias aromáticas y los polifenoles, sobre todo las antocianinas y los taninos. En la vinificación con maceración, los hollejos se mantienen dentro del mosto, mientras que en la de los blancos se eliminan.

INCLINACIÓN

La inclinación es un elemento que condiciona de manera determinante las actividades de implantación y de gestión del viñedo. De la inclinación depende también el ángulo de incidencia de las radiaciones solares y, por lo tanto, la cantidad de energía solar que llega a la superficie del viñedo.

INJERTO

Operación que consiste en inserir en una planta (portainjerto o patrón) una parte de otra (vástago o variedad) con el objetivo de obtener un nuevo individuo dotado de mejores cualidades. Esta práctica se convirtió en habitual para la viticultura tras la llegada a Europa de la filoxera, un insecto que no daña las raíces de la vid americana pero que provoca la muerte de la europea, a menos que se la injerte con un patrón americano. En Europa, precisamente para evitar posibles plagas, el cultivo de viñedos no injertados –llamados «de pie franco», es decir, en los que la cepa y la raíz (o pie) es la misma– está limitado a muy pocas zonas.

JÉROBOAM

Botella grande con capacidad para tres litros, equivalente a cuatro botellas estándar de 75 cl y utilizada sobre todo para el champán.

LÁCTICO

Puede hacer referencia a:
- Ácido láctico: constituyente natural del vino cuya concentración aumenta durante la fermentación maloláctica y hace que el vino resulte más redondo y suave.
- Olor láctico: el característico del vino tras la fermentación maloláctica.
- Picadura láctica: enfermedad bacteriana del vino que causa la producción de ácido láctico y acético.

LÁGRIMAS

Llamamos así a los característicos rastros curvos, más o menos regulares, que se forman en las copas bañadas de vino. Su intensidad depende de la mayor o menor presencia de componentes alcohólicos. A mayor presencia de etanol, más consistentes son las lágrimas. El glicerol, por su parte, es el responsable de otorgar untuosidad y, por tanto, una textura más sedosa al vino.

LARGO

Se dice del vino que deja una sensación persistente en la boca después de tragarlo.

LATITUD

La latitud de un territorio es un importante factor climático que influye en todas las variables atmosféricas, desde la temperatura del aire hasta las precipitaciones o la intensidad de las radiaciones solares. Salvo excepciones, el cultivo de la vid se practica entre los 30° y los 50° de latitud de nuestro hemisferio y entre los 30° y los 40° en el hemisferio sur.

LEVADURAS

Un tipo de microorganismos que en algunos casos tienen la capacidad de provocar la fermentación del mosto de uva. Se llaman «seleccionadas» aquellas obtenidas de cultivos aislados de vinos preciados. Se añaden durante la fermentación para transformar el mosto en vino y garantizan una elevada capacidad fermentativa, a diferencia de las levaduras silvestres, presentes de manera natural en la pruina de la uva (el velo ceroso que se desarrolla en la superficie de los granos durante el periodo de maduración).

LICOR DE TIRAJE

Jarabe azucarado que se añade al vino para producir la segunda fermentación en botella de los espumosos generados con el método tradicional.

LIGERO

Se dice del vino poco alcohólico y de estructura débil.

LIMPIDEZ

Esta cualidad mide la mayor o menor presencia de partículas en suspensión y se utiliza sobre todo para evaluar la existencia de enfermedades o alteraciones en el vino. Así, por ejemplo, se habla de un vino velado a aquel ligeramente alterado en su limpidez y de vino quebrado al enfermo por alguna de las llamados quiebras, que producen graves enturbiamientos. En general, los vinos envejecidos pueden no presentar una limpidez absoluta, en este caso esto no implica un defecto.

MACERACIÓN

Es una fase de la vinificación en la que las partes sólidas de la uva están en contacto con la parte líquida. Se distinguen diversos tipos de maceración:

- La maceración pelicular prefermentativa se aplica a la vinificación de los tintos y consiste en el contacto más o menos prolongado del mosto con los hollejos para extraerles los aromas. Con los blancos se practica raramente.
- Por otro lado, en la maceración en frío, las uvas se dejan en una cuba durante algunos días a bajas temperaturas para extraer al mosto los colores y los taninos antes de que comience el proceso de fermentación. Se utiliza sobre todo para el pinot noir.
- Finalmente, cuando se quiere producir un vino tinto ligero y afrutado, para consumir joven (por ejemplo el Beaujolais Nouveau o el *Novello* italiano), se aplica

la maceración carbónica: dentro de cubas herméticamente cerradas, se provoca una fermentación intracelular –es decir, en el interior del propio grano– al añadir anhídrido carbónico, así como una pequeña cantidad de glucosa, que se suma a las levaduras procedentes de las propias uvas y el viñedo.

MADURACIÓN

La maduración o envejecimiento del vino –prácticamente hoy utilizados como sinónimos– puede producirse en barrica o bien en botella. En el primer caso, el vino reacciona ante el contacto con la madera y sobre todo con el oxígeno que penetra desde fuera. En la maduración en botella, en cambio, la ausencia total de oxígeno hará que los sabores y aromas propios o adquiridos en la fase de madera se potencien y afinen. Su buqué, así, se vuelve más complejo y normalmente más agradable.

MADURO

Se refiere a un vino que ha alcanzado un estado óptimo de maduración, que está completo y armonizado respecto a sus características organolépticas.

MÁGNUM

Botella con el doble de capacidad de las ordinarias empleada tanto para los vinos espumosos como para los tintos.

METÁLICO

Término utilizado para indicar la sensación desagradable que se percibe en la boca y que deriva del maridaje de vinos y comidas con sabores que desentonan entre sí.

MÉTODO CHARMAT

Conocido también como *de grand vas* es el sistema para producir vinos espumosos ideado por el italiano Martinotti y puesto en práctica por el francés Charmat, que introdujo la producción de espumantes en autoclaves, grandes recipientes herméticos a temperatura controlada. El método prevé, así, una segunda fermentación (o toma de espuma) en acero y no en botella.

MÉTODO TRADICIONAL

Se refiere al método clásico o *champenoise* (expresión que solo puede utilizarse para los champanes), que prevé un procedimiento para la elaboración de espumosos en el que la segunda fermentación o toma de espuma se produce en botella.

MICROOXIGENACIÓN

Técnica de maduración del vino, aparecida en Francia y muy utilizada a partir de los años ochenta, que consiste en la introducción de pequeñas dosis de oxígeno en el vino, de manera continua, con unos difusores especiales que generan unas burbujas muy pequeñas que se disuelven en el vino. De esta manera, y sin que el vino sufra oxidación, el oxígeno desata una serie de reacciones que permiten la formación de enlaces entre los taninos y entre los taninos y las antocianinas, lo que posibilita unos vinos más estructurados y estables. La microoxigenación se utiliza sobre todo en la maduración de los vinos tintos.

MILLÉSIME

Término francés que indica el año de vendimia de un vino. Habitualmente, la indicación del *millésime* está reservada a las añadas particularmente excepcionales y, en general, es una prerrogativa de los champanes y de los espumosos, llamados *millésimés*.

MOHOS

Microorganismos que pertenecen al reino de los hongos, del que también forman parte las levaduras. En la viticultura es muy temida la presencia en las uvas del moho *Botrytis cinerea*, conocido como moho gris o *botrytis*. Pero en determinadas condiciones se fomenta su desarrollo en la uva porque pone en marcha un proceso de sobremaduración del grano, con un aumento de la concentración de azúcares y el desarrollo de ciertos aromas particulares. En este caso, se habla de podredumbre noble o vino botritizado, una técnica utilizada para la elaboración de vinos blancos licorosos que gozan de gran renombre, como el tokay húngaro, los sauternes franceses o los auslese alemanes, así como algunos de California y Australia.

MONOVARIETAL

Se dice del vino producido con una sola variedad de uva.

MOSTO

Zumo obtenido a partir del prensado de la uva fresca, y todavía no fermentado, que contiene partículas sólidas. Se define como «concentrado» el mosto de volumen reducido, a causa de la expulsión del agua que contiene, por medio de calor o de congelación.

NABUCODONOSOR

Botella usada en la elaboración del champán, con una capacidad de 15 litros.

ORUJO

Una vez prensada la uva, llamamos «orujo» a la parte sólida que resta de ella. Si luego se fermenta y destila da lugar al aguardiente que se conoce con el mismo nombre.

OXIDACIÓN

Es una reacción química causada por el contacto del vino con el oxígeno presente en el aire, a consecuencia del cual aquel pierde frescura y modifica su color; se puede producir tanto en barrica como en botella y también puede afectar al mosto.

PASADO

Se dice del vino que, conservado durante demasiado tiempo o de manera equivocada, ha iniciado un proceso degenerativo.

PASIFICACIÓN

Es el proceso de deshidratación de la uva, que aumenta la concentración de azúcar en los granos. Se dejan marchitar los racimos en la vid, se recogen y se dejan secar al sol en bastidores o sobre esteras, o bien en locales apropiados, a veces forzando la pasificación.

PEDOLOGÍA

Ciencia que estudia el suelo (en griego *pédon*) como parte superficial de la corteza terrestre. Particularmente describe y clasifica la formación y la evolución de los suelos, es decir, el proceso de pedogénesis, que considera sus aspectos físicos, químicos, mineralógicos y biológicos. El estudio del suelo, que tiene en cuenta aspectos tan distintos como la textura, la estructura, la porosidad o el pH, prevé la observación de secciones verticales del terreno, llamadas «perfiles»; cada perfil comprende, a su vez, diversos estratos, u horizontes, cada uno de los cuales resulta homogéneo en sus características químicofísicas. La pedología está estrechamente relacionada con la física, la química, la climatología, la agricultura y la enología.

PEDÚNCULO

Ramificación del sarmiento que forma el soporte del racimo, o sea, el elemento que sostiene las flores y el fruto. El pedúnculo de la vid se llama propiamente pedículo.

PÉRLAGE

Llamada también «efervescencia», es una característica perceptible, típica de los vinos espumosos, producida por la formación de muchas burbujas pequeñas que ascienden desde la base del vaso. El *pérlage* está causado por la liberación del anhídrido carbónico que se genera durante la segunda fermentación, la producida dentro de la botella (método tradicional o *champenoise*), o en el interior del autoclave (método Charmat-Martinotti). A causa de la presión alta (hasta seis atmósferas), el anhídrido carbónico está presente dentro de la botella en estado líquido. Una vez abierta esta, y al caer instantáneamente la presión atmosférica, vuelve al estado gaseoso y acaba saliendo por medio de la formación de burbujitas. Cuanto más tiempo ha madurado un espumoso, más pequeñas, numerosas y persistentes serán las burbujas que asciendan por la copa y formen las llamadas «cadenetas», que dan la sensación de ser pequeños y preciosos collares de perlas, de donde deriva precisamente el término *pérlage*. La observación atenta del perlaje es uno de los criterios que permite a los sumilleres valorar la calidad de un vino espumoso: si las burbujas son numerosas, pequeñas, rápidas en su ascensión y persistentes, estaremos en presencia de un vino excelente. En cambio, si son escasas, gruesas, lentas en su ascenso y rápidas en su extinción, el vino será de calidad modesta.

PERONOSPORA

Nombre genérico de algunas especies de hongos o micetos parásitos de las plantas y de las enfermedades que provocan, que en español suelen agruparse con el nombre de mildiu. Junto al oídio, el mildiu de la vid es la enfermedad fúngica más peligrosa que puede golpear a la planta. En Europa apareció por primera vez a finales del siglo XIX, cuando desembarcó en Francia procedente de América. Hasta hoy, la única manera de proteger a la vid de su ataque consiste en rociar la viña con una mezcla de sales de cobre, o bien con diversas clases de sustancias orgánicas de síntesis.

PERSISTENCIA

Duración de las sensaciones olfativas producidas por el vino.

PERSONALIDAD

Se dice que un vino tiene personalidad cuando posee características organolépticas bien definidas que lo hacen inconfundible.

PLANTACIÓN DE LA VID

Tradicionalmente se dejaban crecer de forma natural, formando un tronco bajo con brazos como los de un candelabro. Como el conjunto se asemeja a un «vaso» o «arbolito», suele llamarse así a este método de plantación, el más antiguo. Frente a este, modernamente se ha intentado enramar la vid, sobre todo para mecanizar más fácilmente la recolección. Suele hacerse a través de hileras de alambres. Es la plantación «en espaldera». En el sistema de «parral» se lleva la planta a la parte superior de esos alambres de manera que los racimos quedan debajo, cubiertos por el techo que forman las hojas.

RACIMO

Es el nombre de la infrutescencia de la vid, formada por bayas de color blanco, gris o negro. Está conformado por los granos de uva, adheridos a una pequeña ramita llamada raspón o raquis, que representa entre el 3% y el 5% de su peso. Las dimensiones y la forma del racimo son de gran importancia para definir la calidad de cada variedad de cepa. A partir de su forma, los racimos se clasifican en: cónicos, piramidales, cilíndricos, truncados, alados, dobles o compuestos.

RASPOSO

Se dice de un vino inarmónico, áspero y duro; en general, porque, apenas salido de la tina, contiene taninos jóvenes y sólidos presentes en suspensión.

REDONDO

Se dice de un vino bastante alcohólico y rico en glicerina, con un sabor suave y pleno a causa de una acidez moderada y un contenido de azúcares equilibrado.

REDUCCIÓN

Es lo contrario de la oxidación. Se trata de una reacción química causada por la ausencia de oxígeno; los vinos obtenidos de esta manera son particularmente frescos y aromáticos.

REDUCIDO

Hace referencia a un olor y un sabor desagradables, con matices animales, debidos al hecho de que el vino no ha tenido contacto con el oxígeno o bien ha superado mal la fase de reducción, que normalmente lo mejora, desarrollando diversos compuestos azufrados.

REMONTAJE

Durante el proceso de fermentación se remueve el mosto haciendo que el líquido del fondo «remonte» hacia la parte superior. En la elaboración del tinto este proceso ayuda a que las sustancias presentes en los hollejos se extraigan y repartan mejor. Cuando se aplica a los blancos suele hacerse para aumentar la oxigenación.

ROBUSTO

Se dice de un vino con una buena estructura y alta graduación alcohólica.

TERRAZAS, SISTEMA DE

Se trata de una solución adoptada en la agricultura para conseguir que los terrenos con pendientes acentuadas puedan cultivarse. El sistema se remonta a la Antigüedad y se encuentra en uso por todo el mundo, desde las empinadas laderas de los Andes durante el Imperio inca a los campos de arroz asiáticos. En Europa las terrazas de cultivo son muy abundantes en los países de la cuenca mediterránea y el norte de África. En Italia se comenzaron a adoptar en muchas localidades montañosas del Trentino, la Lombardía y la Liguria a partir del siglo XVI, mientras que en España los siglos XVIII y XIX fueron especialmente activos en la construcción de estas terrazas. En la práctica, los bancales se construyen excavando en plano en las colinas y luego se delimitan con muretes de piedra, edificados en seco, que sostienen el terreno y forman una especie de escalón. De esta forma, las colinas más empinadas resultan útiles para el cultivo, no solo de la vid sino también del olivo.

TERROIR

Término francés que designa un lugar específico, además de significar «tierra, terreno», y que en español equivale a terruño o pago. Su significado en viticultura es muy amplio, porque también abarca el microclima de esa zona específica, su historia y su interacción con el trabajo del hombre.

TINA

Recipiente de madera de forma troncocónica que se utiliza para la fermentación de los vinos tintos y para almacenar el vino en general. Cuenta con una altura igual al diámetro de la base y una anchura inferior en superficie (un 10% menos de diámetro respecto al diámetro de la base). Sustituido en el pasado por cubas de fermentación de acero, hoy en día se ha retomado el uso de la tina para la producción de vinos de calidad.

TRANSPARENCIA

La transparencia de un vino está determinada por la cantidad de materia colorante presente y representa la capacidad de ser atravesado por los rayos de luz (una máxima transparencia indica poca materia colorante, mientras que la mínima indica abundancia de esa materia). Para evaluar la transparencia de un vino tinto se puede observar la copa bajo una fuente luminosa.

TRASIEGO

Esta operación consiste en trasladar el vino de un recipiente a otro, separándolo de las materias sólidas depositadas durante la fermentación o durante el envejecimiento en barrica. A la vez, el vino se oxigena para que los aromas evolucionen según se desee.

VIDUÑO

Se refiere a la variedad de vid cultivada. Las variedades se pueden distinguir por las diferentes formas y colores de los granos de uva, del racimo y de las hojas, además de por sus distintos periodos de maduración y, sobre todo, por las diferentes características organolépticas de los vinos que se obtienen. Para identificar una variedad determinada es necesaria una descripción exhaustiva de la forma de las hojas y de los frutos (racimos): de esto se ocupa la ampelografía. Se estima que en el mundo existen cerca de 5.000 viduños cultivados. En España, los registros vinícolas contemplan actualmente 235 variedades cultivadas, tanto de vinificación como de mesa. Los viduños se dividen en:

- realmente autóctonos, que derivan de la domesticación de las vides silvestres del lugar;
- de introducción antigua; es decir, que se desarrollaron en el transcurso de la difusión de la viticultura desde el área mesopotámica hacia Occidente;
- de constitución y selección de variedades locales, nacidas accidentalmente o a continuación de una selección intencional en virtud de características peculiares (por ejemplo, su adaptación a las condiciones climáticas locales, su productividad o la

calidad de la uva), y que se acaban constituyendo como variedades nuevas;

- híbridos interespecíficos/controlados; es decir, variedades nacidas a partir de programas modernos de mejoramiento genético.

En España, las variedades más extendidas son, entre las uvas tintas, la tempranillo, la garnacha tinta, la bobal y la monastrell; entre las blancas, la airén, la verdejo, la palomino y las propias del cava (macabeo, parellada y xarel·lo). Los viduños más famosos y difundidos en el mundo (las llamadas variedades internacionales) son, entre los tintos, el cabernet-sauvignon, el cabernet franc, el merlot, el pinot noir, el zinfandel y el syrah; entre los blancos, el sauvignon blanc, el chardonnay, el moscatel y el riesling.

VINOS DE GARAJE

Modernamente, en el proceso de elaboración del vino los avances químicos permiten corregirlo y variar algunas de sus características de manera artificial. Los productores de «vinos de garaje» o «garajistas» son aquellos que huyen de esta práctica y se empeñan en trabajar una vinificación natural y atenta a las especificidades de cada uva y cada añada. Suelen ofrecer producciones bastante limitadas, exclusivas y representativas de una zona.

VINOSO

Se dice de un vino joven, cuyo perfume recuerda al olor del mosto.

NOTAS DE DEGUSTACIÓN PRÁCTICA

DEGUSTAR EL VINO

Degustar es concretar por qué motivos nos gusta o no un vino determinado; es decir, describir de manera exhaustiva las sensaciones placenteras o desagradables, de convencimiento o decepción, de reconocimiento o no reconocimiento, que experimentamos cuando lo bebemos. Para llegar a esto, nos hace falta una «gramática» que se base en nuestra esfera sensorial: la vista, el olfato y el gusto, pero también el tacto y, por qué no, el oído. Asimismo, es muy importante que el ambiente en el que nos encontremos esté en condiciones: limpio, sin olores externos que pudieran condicionarnos (por ejemplo, el tabaco o un fuerte perfume) y bien iluminado. Lo mejor es la luz natural o, en su defecto, la artificial más neutra posible. El plano de apoyo de los vasos debe ser blanco, para captar al máximo los matices cromáticos del vino.

Las copas indicadas para una correcta degustación (aunque, en teoría, cada tipo de vino dispone de un tipo apropiado) deben ser de vidrio fino o de cristal, de dimensiones medias y con una forma como de tulipán: su diámetro se debe ir cerrando hacia la boca para retener los perfumes. La superficie no debe tener matices de colores, ni dibujos, relieves o incisiones. La degustación propiamente dicha presenta tres grandes fases, que se desarrollan de manera sucesiva: el examen visual (los ojos), el examen olfativo (la nariz) y el examen gustativo (la lengua). La síntesis de estas conforma el perfil organoléptico global de un vino.

OBSERVAR

Observar el vino es el punto de partida de la degustación; nos provee de indicaciones importantes, porque mediante la vista es ya posible situarlo en un espacio de expectativas: no solo es importante su color, naturalmente, sino también su cuerpo, su estructura, su tipología, su edad y sus posibles defectos.

¿Qué es lo que se observa por medio del examen visual? Partiendo de la clasificación obvia en blancos, rosados y tintos, también hay que tomar en consideración: la limpidez y brillantez; el color (tonalidad e intensidad); la fluidez (o viscosidad), es decir, las lágrimas; y la efervescencia (solo para vinos de aguja y espumosos).

¿Cómo se lleva a cabo, en la práctica, el examen visual? Para el color, su tonalidad y sus reflejos, hay que mirar el vino inclinando la copa contra un fondo blanco casi a 90°: se podrán captar bien los matices cromáticos, la limpidez, la intensidad y la concentración. Los matices se observan inclinando la copa hasta el límite de derramar el líquido y mirando la zona en que la masa del vino es menos espesa, la llamada «disco».

Finalmente, se hace girar lentamente el vino en la copa, de manera que las paredes se mojen y se observe la película que deja el líquido cuando cae por las paredes de cristal y forme una serie de gotas a intervalos más o menos regulares. Estos rastros son las lágrimas y nos ofrecen indicaciones útiles sobre algunos componentes del vino. Concretamente, que cuanto más se marcan las lágrimas y más lento es su descenso, más graso (glicerinoso) y alcohólico es el vino. En el caso de los efervescentes (espumosos y de aguja), también hay que fijarse en el llamado *pérlage*: las burbujas, la espuma (la que van configurando las propias burbujas y no la que se forma justo después de servir) y la corona (el aro que dibuja esa espuma al concentrarse en los bordes de la copa).

EL COLOR

El color tiene que ver con la vivacidad y la brillantez y es proporcional a la acidez de un vino. El color podrá pasar del claro, pálido, ligero o intenso hasta llegar a ser subido, profundo y oscuro. La intensidad correcta depende del tipo de vino. Los blancos secos más simples son pálidos, mientras que los más notables, madurados en madera, por no hablar de los pasificados, presentan colores más firmes y también muy intensos. Los colores marcados presagian complejidad, riqueza y, finalmente, madurez; por el contrario, los blancos de color pajizo y neutro suelen ofrecer perfumes frescos, florales y afrutados, así como poco cuerpo y menos acidez. La variedad de la uva juega un papel importante en la intensidad de los colores: por ejemplo, la pinot noir es mucho más neutra que la cabernet-sauvignon. Otras variables vienen determinadas por el tipo de terreno, la añada, el rendimiento productivo, las prácticas enológicas realizadas, la duración de la maceración y el tipo de maduración. En cuanto a las tonalidades de los tintos, las principales son: violáceo-púrpura, rubí, granate y anaranjado. Los factores que influyen en el color son muchos, desde el viduño hasta los trabajos enológicos, pero no hay duda de que el tiempo juega un papel importante. Un vino púrpura con matices violáceos es en general muy joven, se ha extraído hace poco de la barrica, todavía está próximo a las características del mosto y le falta del todo la oxidación. El rojo rubí es la tonalidad de los vinos en buen estado de conservación;

entre los que deben beberse jóvenes es signo de viveza y presentará aromas afrutados. Cuando el color empieza a tender hacia el granate, en general el vino desarrolla perfumes más maduros, afrutados y vegetales: es sinónimo de madurez para los caldos que deben beberse después de dos o tres años en botella. Finalmente, la tendencia hacia el naranja es típica del envejecimiento: en vinos longevos y de largo recorrido implica que ha llegado el momento de beberlos, que son ricos en perfumes especiados y evolucionados; por el contrario, si un vino joven presenta un color anaranjado, esto constituye una señal de que ha entrado ya en fase de degradación. En el caso de los vinos rosados, esta es la gama de las tonalidades: cobrizo (un color que quizá recuerde a los vinos de uvas blancas vinificados como tintos), rosa pálido, rosa flor de melocotonero, coral, cereza y piel de cebolla. Las tonalidades de los blancos también son variadas. Junto a los de concepción clásica (claros, jóvenes y frescos), hoy en día también se encuentran blancos más maduros, con colores más cálidos y dorados. Esta es una posible gama cromática: blanco de papel, verdoso, amarillo pajizo, amarillo dorado (indicio de una ligera oxidación en el caso de un blanco para beber joven, pero un color «bello» para un blanco con estructura criado en madera) y amarillo ambarino.

LOS PERFUMES

Un perfume puede estar compuesto por muchos elementos, entre veinte y más de cien, con velocidades de evaporación diferentes que se combinan y provocan la sensación de que el vino no es firme, sino que evoluciona con el tiempo. Sin adentrarnos en explicaciones complejas recordemos que las vías de acceso a la región olfativa son dos: la directa, a través de las fosas nasales, y la indirecta, retronasal, a través de la rinofaringe (parte de la faringe situada sobre el velo del paladar y detrás de las fosas nasales). Durante la deglución, la faringe genera un exceso de presión que desplaza los vapores desde la boca hacia las cavidades nasales, con lo que se provoca una nueva sensación olfativa. Estas sensaciones posnasales son importantísimas para apreciar un vino, pero también cualquier alimento. Las sensaciones que advertimos durante el análisis de un vino por vía nasal directa son los olores. En cambio, las que notamos por vía nasal indirecta son los aromas, que experimentamos mientras mantenemos el vino en la boca.

Los perfumes que nos regala un vino se dividen en primarios, secundarios y terciarios. Los primarios son los que proceden de la uva y están ligados a la variedad del viduño, al llamado *terroir* y a las prácticas de cultivo y vinificación. Por ejemplo, solo algunas variedades dan origen a vinos particularmente aromáticos, como la moscatel, la traminer y la sylvaner. Pero sí que todos los viduños presentan, en mayor o menor medida, un aroma característico y que determina la idiosincrasia del vino: el perfume de hierbas y el aire a pimientos verdes distingue a los cabernet-sauvignon, el afrutado de las diminutas bayas de bosque señala a los de pinot noir o tempranillo, las notas florales de violeta visten a los nebbiolo… y así en adelante: la pimienta negra caracteriza a la syrah, mientras que la verde es más propia de la garnacha, la cáscara de nueces se asocia a la nero d'avola, la flor de saúco a la sauvignon, la vainilla a la chardonnay, la manzanilla a la parellada, etc.

Los perfumes secundarios se deben a la vinificación y modifican la aportación aromática inicial, ya que la multiplican y amplifican; todo ello a causa principalmente de la acción enzimática y transformadora provocada por las levaduras. Las notas olorosas que se adquieren o refuerzan con más frecuencia en los procesos de fermentación suelen ser las de fruta madura y sabrosa: plátano, albaricoque, melocotón, guinda, manzana… pero también de confitura y de miel, así como de flores especiadas y aromáticas como la del tilo, la acacia o el espino blanco. Las condiciones de partida de la uva, la calidad y la estructura del mosto y las técnicas empleadas en la bodega sirven para asegurar que los perfumes desarrollados durante esta fase conserven su frescura.

Los perfumes terciarios se forman durante el proceso de

maduración final, cuando, en ausencia de oxígeno aquellos aromas «descansan» y se potencian. En general, se puede decir que la maduración transforma los perfumes primarios y secundarios en compuestos más estables, con unos matices más complejos y etéreos que contribuyen a conformar su buqué final.

UN ABANICO DE FRAGANCIAS

PARA RECORDAR

Lo más difícil a la hora de memorizar las fragancias del vino es distinguir entre la diversidad, porque a menudo las encontramos mezcladas, superpuestas, ocultas unas dentro de otras o modificándose entre sí. En realidad, los perfumes que percibimos en el vino dependen de la presencia de sustancias volátiles olorosas pertenecientes a distintas familias químicas. Pero ¿qué sucedería si nos pusiéramos a decir que un vino huele a aldehído benzoico? El criterio seguido, el más simple y gramaticalmente correcto, es distinguir los aromas por analogía; es decir, a partir de sus semejanzas con olores de flores, frutas, especias u otras sustancias conocidas. Tales asociaciones no son casuales ni arbitrarias, sino que mediante procesos de microanálisis se han identificado de manera efectiva en el vino. De esta forma, disponemos de clasificaciones que permiten catalogar los olores habituales del vino dividiéndolos en series y grupos que nos resultan familiares.

ESENCIAS Y MATICES

Es muy difícil acordarse de los perfumes posibles de un vino, ya que tienen múltiples facetas, y el vocabulario del que nos servimos para describirlos también es muy variado.

AROMÁTICO: cuando los aromas primarios propios de la variedad de las uvas se dejan sentir claramente.

AFRUTADO: cuando un vino bastante joven se caracteriza por un conjunto de notas frutales.

FRAGANTE: cuando las notas de flores y de frutos son ricas, frescas y muy agradables.

VINOSO: cuando, en un vino joven, predominan los perfumes que todavía recuerdan a los del mosto.

FRESCO: cuando los perfumes son vivos, hasta el punto de provocar en la mucosa olfativa sensaciones agradables de frescura.

ETÉREO: es el buqué de los vinos envejecidos; son perfumes que derivan de la combinación de los alcoholes entre sí y de los procesos de esterificación (sintetización de compuestos derivados de la reacción química entre un ácido y un alcohol).

BOISÉ (de madera): cuando se aprecian nítidamente las huellas dejadas por los contenedores del envejecimiento, en particular las barricas.

METER LA NARIZ EN LA COPA

El primer modo de olfatear el vino es con la copa quieta, sin mover su contenido, acercando las fosas nasales e inspirando brevemente dos o tres veces. Después se huele el vino tras haberlo hecho girar dentro de la copa: con el movimiento, y con el aumento de la superficie de contacto con el aire, se liberan mejor las sustancias volátiles. Se inicia con breves rotaciones, luego se olisquea y se vuelve a hacer girar el líquido en la copa. Al final hay que acercar la nariz lo máximo posible a la superficie, inspirar profundamente durante tres o cuatro segundos y repetir la operación dos o tres veces, alternándola con algunos instantes de reposo. Así se lleva a cabo una primera discriminación de los aromas: con la copa quieta los más ligeros, delicados y volátiles, y con la copa en movimiento los más pesados. Cuando el vino llega a la boca (fase gustativo-olfativa), el olfato sigue interviniendo, ya que el calor del paladar, los movimientos de la lengua y la propia respiración amplifican y modifican

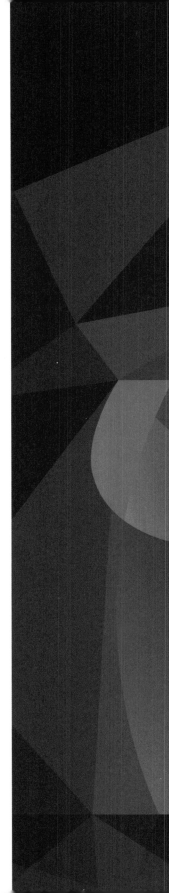

la emisión de esas sustancias volátiles: así se perciben los perfumes también por vía indirecta y retronasal. Antes de tragar, removiendo el vino con un poco de aire entre los dientes a base de pequeñas inspiraciones, se advertirán los llamados aromas «de boca». También conviene inspirar una última vez el vaso vacío (tras haber tenido el vino en la boca), ya que aún es posible localizar olores no descubiertos al principio: notas vinosas, quizá de madera y de taninos. Además, puesto que la fina película de vino ha sufrido, en contacto con las paredes de la copa vacía, una oxigenación más intensa, se pueden extraer otras indicaciones olfativas interesantes.

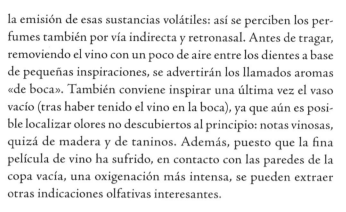

EL GUSTO

A partir del gusto podemos obtener sensaciones de tipo táctil y los cuatro sabores elementales: dulce, salado, ácido y amargo; el resto es, en realidad, el producto de sensaciones olfativas, tanto directas como por vía retronasal. Por lo tanto, podemos decir que un vino «sabe» a vainilla o a regaliz, o a canela, solo gracias al uso de la nariz. ¿Qué papel tiene el gusto en el análisis organoléptico? Nos indica los sabores fundamentales y su equilibrio, las sensaciones táctiles y térmicas que se producen en la cavidad oral y las olfativas retronasales que percibimos cuando el vino o la comida se encuentran en la boca. El órgano responsable de las sensaciones gustativas es la lengua: en la punta se perciben las dulces; en los lados de la parte anterior, las saladas; en los lados más profundos, las ácidas, y en el fondo las amargas. A estos sabores se añaden las sensaciones que nota la lengua y toda la cavidad oral en su conjunto, que son: de tipo térmico (temperatura), de tipo químico (astringencia y presencia de gas) y de naturaleza táctil (consistencia, fluidez, untuosidad).

Por tanto, para los vinos más ricos en sabores se advierte primero el dulzor, luego la acidez y al final el amargor. Los elementos del vino que confieren dulzura son la glucosa y la fructosa, así como los alcoholes: el etanol y la glicerina. La sensación dulce predomina durante un tiempo, que depende de la concentración de azúcares. Es difícil, en cambio, percibir el sabor salado en un vino, pero no solo porque los alcoholes lo tapen, sino también porque las sales se encuentran en cantidades muy pequeñas. Por su parte, la acidez proviene de los ácidos presentes en el vino, aunque algunos de ellos pueden determinar un sabor que tiende a lo dulce mientras que otros se inclinan hacia lo amargo. La acidez tiene la función de dar frescura al vino, además de exaltar sus características organolépticas. Finalmente, el sabor amargo se halla más fácilmente en los vinos tintos ricos en taninos que, no obstante, gracias a la astringencia que ellos mismos generan, modifican y mitigan una sensación gustativa que, en exceso, resulta desagradable. En todo caso, si se encuentra presente, el amargor se identificará sobre todo al final.

¿QUÉ SUCEDE CUANDO DEGUSTAMOS UN VINO?

LA DULZURA combinada con la pastosidad (una especie de sensación táctil) conforman la suavidad que nos deja en boca un vino rico en alcohol, glicerina y residuos de azúcares. Un vino suave no irrita el paladar y es redondo y aterciopelado.

LA ACIDEZ provoca sensaciones gustativas de frescura, vivacidad y vigor. Si es demasiado alta, el vino resultará agresivo, parecerá duro y anguloso. Si es demasiado baja, el vino parecerá plano y falto de carácter.

LA SUCULENCIA: la presencia de sales minerales en el vino hay que atribuirla a la composición de los terrenos en que crece la vid y al tipo de prácticas enológicas, pero también a qué clase de recipientes se utilicen para conservarlo y madurarlo (cubas de cemento, por ejemplo).

EL AMARGOR: en el vino hay sustancias capaces de provocar sensaciones gustativas amargas; es el caso de los terpenos, que se hallan en todos los vegetales y que en las uvas generan perfumes primarios o varietales. No es casual que muchos vinos blancos aromáticos se propongan en versiones dulces, para equilibrar su regusto amargo. En los vinos tintos, el amargor está provocado por la oxidación de los taninos y por su transformación en quinonas, unas moléculas muy amargas.

LA ASTRINGENCIA: se trata de una sensación áspera que se encuentra habitualmente cuando, por ejemplo, comemos alcachofas crudas, ciruelas silvestres o caquis. La astringencia provoca la contracción de las encías y una impresión de sequedad y de rugosidad en la lengua. Las sustancias responsables de esta sensación son los taninos. Como componente fundamental en los vinos tintos, la astringencia o tanicidad, sirve para determinar la longevidad y el equilibrio del vino.

LA ACRITUD: una sensación que se debe a la presencia de anhídrido carbónico, muy evidente cuando se catan espumosos. En boca se advierte una comezón, pero también una sensación de frescura, que pueden acabar resultando irritantes si el anhídrido carbónico está presente en cantidades excesivas.

EL CALOR: se define mejor como una sensación de causticidad, de corrosión, que se detecta en presencia de sustancias muy concentradas, como los ácidos, las sales metálicas, las bases alcalinas y el alcohol. Las mucosas se secan y toda la cavidad oral queda invadida por una sensación de calor, casi de escozor, como cuando se chupa un caramelo de menta.

LA TEMPERATURA: la temperatura modifica los sabores en todos los rincones de la cavidad oral, desde la lengua y las mucosas hasta las encías y los dientes. Si uno intenta saborear dos vinos blancos idénticos, uno servido a 20 °C y el otro a 10 °C, observará que el primero parece más dulce y el segundo más ácido. Las bajas temperaturas acentúan la impresión de tanicidad, reducen la dulzura y neutralizan el sabor del alcohol. Por eso no se degustan vinos tintos tánicos a baja temperatura.

LA CONSISTENCIA: Si un vino es demasiado fluido, resulta poco consistente; sin embargo, se habla de un vino untuoso cuando el paladar percibe una sensación de plenitud, de grasa, de carnosidad. Se trata de una característica especialmente ligada a los licorosos, con alta concentración de residuos azucarados.

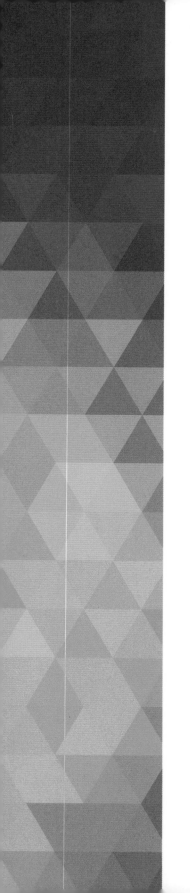

EL MARIDAJE ENTRE LA COMIDA Y EL VINO

El mundo de los maridajes entre la comida y el vino es amplio y muy heterogéneo: formular reglas estrictas resulta casi imposible y también extremadamente inútil, puesto que las variables en juego son muchas y están vinculadas a los gustos personales. Basta pensar en lo difícil que resulta «codificar» el sofisticado aparato sensorial de una persona o en el hecho de que una receta, como un vino, nunca es igual a sí misma. Proponer una combinación enogastronómica requiere un esfuerzo de aproximación casi más psicológico que estrictamente técnico, además de un conocimiento profundo del territorio, de los ingredientes, de las características del vino y del gusto de los comensales.

Es fácil que durante las comidas se busque cierta armonía entre el sabor de lo que bebemos y el de lo que comemos. Estas sensaciones no deben contrarrestarse ni neutralizarse mutuamente: van en la misma dirección, concordando y realzándose la una a la otra. La combinación y la concordancia se deben llevar a cabo al mismo tiempo en lo que se refiere a la intensidad de las impresiones y a la naturaleza y la calidad de las sensaciones. Un vino rico en perfumes no liga bien con la impersonalidad de un alimento demasiado neutro, igual que uno poco sabroso amortigua el placer de una cocina apetitosa. Quizá solo en el caso de platos demasiado picantes son preferibles bebidas sencillas y frescas para calmar la necesidad de «apagar» lo que nos han provocado. Una cocina pesada y rústica reclama una bebida de la misma naturaleza; en este caso, un vino refinado sería poco indicado y acabaría por perderse. Del mismo modo, el efecto de una preparación culinaria muy refinada y delicada puede quedar arruinado por un vino basto.

¿SIMILITUD O CONTRASTE?

El maridaje por similitud busca yuxtaponer un alimento a un vino por sus intensidades gustativas similares y adyacentes. Un plato ligero y delicado busca un vino joven y fresco, mientras que una comida sabrosa e intensa querrá otro de gran estructura, tal vez envejecido y rico en perfumes terciarios. Los platos salados se combinan siempre con vinos secos, tanto si son blancos como tintos, mientras que con los dulces o con los postres se sirven exclusivamente vinos dulces y a veces pasificados. Y es justamente en los postres donde el maridaje por similitud se expresa de forma plena: las sensaciones dulces son completamente placenteras y se exaltan con un vino similar, aunque siempre con cuidado de no exagerar y caer en lo empalagoso.

El maridaje por contraste, en cambio, parte de la consideración de que cada elemento suficientemente destacado de la comida quede amortiguado con un vino de signo opuesto. Por ejemplo, si un plato presenta un componente netamente ácido, al combinarlo con un vino con un sello particularmente ácido se produce un dominio desagradable de este último componente gustativo que, en cambio, tiene que atenuarse con un tipo de vino capaz de contenerlo y equilibrarlo. El discurso es similar para las sensaciones amargas y/o picantes, presentes respectivamente en platos como el foie gras o los quesos azules veteados, en cuyo caso los pasificados no exageradamente dulces ofrecen un contraste óptimo. Por otro lado, las sensaciones de untuosidad, suculencia y corpulencia se pueden compensar con vinos más o menos ácidos y tánicos. Resumiendo: los vinos suaves amortiguan

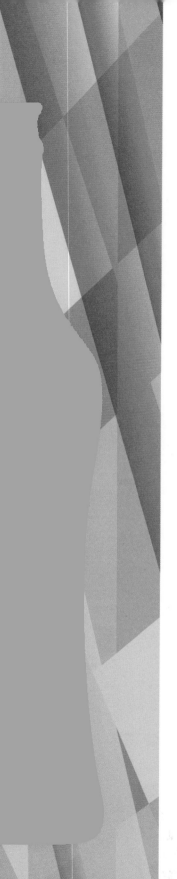

la acidez sostenida, pero también la notable frescura desengrasará bien la opulencia excesiva de ciertos platos.

Asimismo resulta fundamental respetar siempre la secuencia de lo que llega a la mesa: los almuerzos y las cenas suelen comenzar con alimentos delicados, con frecuencia magros y estructuralmente simples, en general ligeros, inmediatos y equilibrados. Luego se pasa a platos aromáticos o especiados, medianamente grasos, con estructura, de reducción compleja, equilibrados o aterciopelados, para luego proceder con comidas especiadas, o incluso opacas por su aroma, grasas, muy estructuradas y concentradas en la reducción. Y al final llegan los dulces.

Naturalmente, la elección de los vinos también debe ser consecuente. Se empieza con productos suaves, frescos, finos, acidulados, sabrosos y tranquilos; o bien con espumosos jóvenes, secos o muy secos. Después se pasa a vinos con una buena intensidad y fragancia, secos o ligeramente efervescentes, enjutos, equilibrados y con cierta estructura; para continuar con vinos mayormente intensos, persistentes, tánicos o aterciopelados, con estructura y concentración, secos y austeros. La guinda final son vinos dulces, desde los menos estructurados hasta los más concentrados, de menos a más alcohólicos.

SERVIR LOS VINOS

- Según el color, de los blancos a los tintos.
- Siguiendo la complejidad olfativa, de los más simples a los más complejos.
- En función del sabor, de los más inmediatos, esbeltos y acidulados a los más amplios y estructurados.
- Según el nivel de azúcar, de los más secos a los más mullidos, hasta llegar a los dulces.
- Teniendo en cuenta su edad, de los vinos más jóvenes a los más añejos.
- Considerando su grado alcohólico, de los más ligeros a los más alcohólicos.
- Según la temperatura de servicio, de los más frescos a los más templados.

MARIDAJES: ALGUNOS EJEMPLOS

ENTRANTES

Embutidos

Prefieren los vinos blancos frescos y perfumados, pero también aromáticos, como los finos y amontillados de Jerez o manzanillas de Sanlúcar, pero también blancos a base de sauvignon blanc o riesling. Asimismo funcionan bien con rosados, frescos y afrutados, o tintos jóvenes y vivaces, a base de garnacha (Jumilla-Monastrell), tempranillo (Cigales) o incluso merlot.

Frituras ligeras de pescado o verduras

Maridan bien con vinos blancos secos con perfumes intensos (albariño) o de variedades más aromáticas (gewürztraminer, riesling), así como con cava o vino *frizzante* con buena acidez.

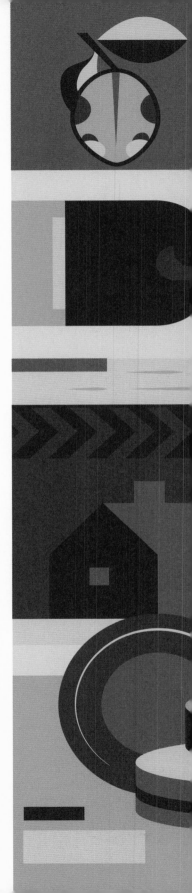

Mariscos

Los mariscos, crustáceos y moluscos combinan mejor con vinos blancos secos, más suaves y perfumados, como el muscadet, el verdejo de Rueda o el ribeiro no turbio. Para quienes gusten de la sensación burbujeante, un cava brut o un franciacorta.

Ensaladas

En general, los vinos blancos, frescos y ácidos, secos o moderadamente perfumados, combinan muy bien con las más ligeras, incluso si incluyen también algún queso fresco u otros ingredientes tipo langostinos o pulpo.

Cuanto mayor sea la contundencia de los ingredientes (quesos más grasos, frutos secos, carnes como el pato o el pollo, o setas) mejor combinará con vinos de mayor cuerpo: un blanco de godello, un *orange wine* o incluso uno con crianza en barrica.

Melón con jamón o con higos

Vinos blancos dulces naturales, cálidos de alcohol, persistentes y afrutados, moderadamente frescos, como los moscatos italianos o el *pale cream* jerezano.

Salmón ahumado

He aquí un plato difícil de maridar. Podemos combinarlo con una variedad semiaromática, como el collio sauvignon, o muy sabrosa y mineral (carso vitovska), o con burbujas frescas y con acidez (Ribolla espumoso o Müller Thurgau espumoso).

Terrinas de caza

Vinos blancos secos, pero con gran estructura y madurez: los grandes chardonnay envejecidos en madera, un oporto *tawny* o un oloroso seco.

PRIMEROS PLATOS

Consomés y caldos de carne

Vinos blancos abocados o amables, como los pasificados o botritizados, como los clásicos de Burdeos o los mohosos de Corella o del Nuevo Mundo (el Sémillon de Mendoza).

Sopa de pescado

Vinos blancos de medio cuerpo, con perfumes delicados. ¿Por qué no un chardonnay australiano o un sauvignon blanc de Nueva Zelanda?

Sopas y guisos de verduras

Los caldos y cremas más suaves, como la famosa *vichyssoise*, maridan bien con blancos con un mínimo de acidez o incluso un txacolí.

Sopas más contundentes, como la famosa de cebolla, combinan mejor con un tinto joven, frutal.

Menestras y verduras a la brasa

Una de las mejores opciones para este tipo de plato es un buen vino rosado, por ejemplo un merlot de Navarra.

Pasta con salsa de tomate

Es una combinación aparentemente simple pero, a causa de la acidez del tomate, bastante complicada. Suele agradecer vinos blancos secos, no aromáticos, como algunos característicos del Penedès o de Alella. Entre los italianos resulta perfecto el Frascati Superiore, o bien un Costa d'Amalfi.

Pasta con pescado

Vinos blancos secos, aromáticos y estructurados, como por ejemplo un moscato o una malvasía seca de Portugal o Brasil.

Pasta con carne

Vinos tintos suaves y ligeros, de buena frescura, como el sangiovese local de la Romaña.

Pizza

Blancos muy frescos y con perfumes vegetales. El prosecco es un clásico. También funcionan bien los rosados, mejor si son ricos y envolventes cuanto más condimentos integre la pizza.

Ñoquis de patata con mantequilla (y/o con hierbas)

Vinos blancos de medio cuerpo, con aromas de hierbas aromáticas, como el verdicchio de la zona de Castelli di Jesi o los chenin blanc del Loira.

Cocidos y potajes a base de legumbres

Vinos tintos directos y de medio cuerpo: un tempranillo con crianza (Rioja, Ribera del Duero) o un mencía del Bierzo.

Los arroces

La variedad de los posibles ingredientes da pie a multitud de posibilidades.

La **paella tradicional** (con carne de pollo o conejo, judías verdes, tomate, pimiento y azafrán) se aviene con un tinto joven y afrutado, por ejemplo de tempranillo o mencía o incluso syrah. También un buen rosado con equilibro de frescura y acidez o un blanco potente en boca, que haya pasado por barrica.

Arroces de pescado y marisco

Las paellas y arroces caldosos a base de pescado y marisco prefieren blancos frescos, ligeros y perfumados, como un verdejo, un albariño o un vino elaborado a partir de sauvignon blanc. Igualmente funcionan muy bien con un cava de calidad.

Arroz negro

Este plato característico, elaborado con la tinta del calamar, se acompaña con vinos secos: un buen sauvignon blanc o un cava rosado, por ejemplo.

Risotto

Se aconseja un maridaje basado en la juventud, frescura y vivacidad del vino. Entre los italianos se prefiere la barbera y la bonarda vivace del Oltrepò Pavese o del Monferrato. Pero también combina bien con la burbuja del franciacorta o del cava brut y extra brut.

Pescados crudos

Carpachos, tartares y otros platos de pescado aliñado –como la *esqueixada* catalana– maridan bien con blancos delicados, como un buen riesling.

SEGUNDOS PLATOS

Estofados de pescado y/o marisco

Agradecen blancos de gran estructura, calientes de alcohol, como los de macabeo, parellada y xarel·lo.

Pescados blancos

A las doradas, besugos, bacalaos, gallos, rodaballos, rapes… lo que mejor les sienta es el blanco. En elaboraciones sencillas combinan bien con uno fresco como el albariño, el verdejo o incluso el riesling, mientras que si se rellenan o se acompañan de una salsa cremosa prefieren un blanco fermentado en barrica o incluso un tinto o un rosado joven.

Pescados grasos

En principio, tanto para el salmón como para la sardina, la anchoa, el arenque, el atún o la anguila optaríamos por un blanco más untuoso, que suavice la sensación grasa en el paladar: un chardonnay, un viognier, un pinot gris o incluso un blanco manchego, a base de airén.

Zarzuelas de pescado

La salsa roja de estos platos suele acompañarse bien con blancos secos, tintos de variedades más ligeras, como los elaborados con pinot noir, o con los rosados del Alto Adige.

Cordero asado

Este plato marida muy bien con un vino potente que ayude a deshacer la grasa, muy presente. Resultan ideales los grandes tintos: un Rioja reserva, un Ribera del Duero o un Priorat con prolongada crianza en barrica.

Asados de cerdo

Vinos tintos importantes, a base de la malbec argentina e incluso con una leve tendencia almendrada, como el cabernet franc del Triveneto.

Cochinillo a la brasa

Tintos jóvenes de la zona de Castilla, con acidez media, pero incluso un rosado equilibrado o un vino espumoso cuyo dióxido de carbono ayudará a limpiar la grasa propia.

Chuletón

Aquí no hay duda: la mejor compañía para los grandes cortes de carnes rojas a la plancha o a la parrilla es un tinto de calidad de grandes uvas (syrah, malbec, tempranillo, garnacha…).

Un pago navarro, un reserva de la Rioja, un Ribera de talla mundial, un extremeño superior, un priorat Gran Reserva, un Chianti Classico, un Châteauneuf-du-Pape…

Osobuco y otros guisos de ternera

La carne de ternera en salsa suele preferir tintos suaves y más jóvenes, quizá un pinot noir o un cabernet. Si para el osobuco buscamos un vino que nos recuerde su origen italiano, podemos optar entre Oltrepò y Monferrato, bien estructurados pero frescos, elaborados a base de barbera, croatina (bonarda) y dolcetto.

Estofados de caza mayor o de buey

Vinos importantes, perfumados, estructurados, tánicos y maduros. Todos los grandes vinos elaborados a base de tempranillo, pero también con variedades más recónditas como la Tinta de Toro o las tintas de Tacoronte-Acentejo.

Estofados de caza menor

El conejo a la cazadora, así como la liebre, prefieren vinos tintos de medio cuerpo, en general con un punto picante. Son perfectos los crianzas de Rioja, algunos reservas de Ribera del Duero o incluso los más destacados de Utiel-Requena.

Aves

El faisán, la oca, el pato o el ganso también maridan bien con tintos de gran valor, envejecidos. Fuera de España podemos mirar a los italianos «mayores»: del Barolo al Brunello di Montalcino o el Vino Nobile di Montepulciano.

Para otras aves, como la pintada, la perdiz o el pichón, a menudo rellenas o marinadas, puede optarse por las variantes más jóvenes y menos importantes de estos vinos.

Pollo asado

Vinos tintos de cuerpo ligero, no muy tánicos, perfumados y armónicos. Un merlot, un tempranillo o un pinot noir, si se eligen entre los no demasiado concentrados o alcohólicos.

También puede acompañar bien un cava brut nature reserva, con más cuerpo y amplitud.

Huevos y verduras

Los huevos pasados por agua, escalfados, revueltos con espárragos o setas, las tortillas francesas, de calabacín… o de patata (con o sin cebolla, ¡por supuesto!) combinan bien con vinos blancos de medio cuerpo, con perfumes delicados.

Un albariño gallego, un torrontés argentino, un buen chardonnay… Si añadimos algo de jamón, también podemos atrevernos con un amontillado.

Además de las patatas (fritas en este caso), cuando los cocinamos en sartén sin batir, los famosos huevos rotos o fritos admiten acompañamientos más contundentes, como el chorizo, y en consecuencia, también vinos tintos jóvenes, incluso de maceración carbónica.

Huevos y queso

Al incluir algo más de grasa, podemos elegir blancos de buena estructura, con una ligera presencia tánica, como algún riesling alsaciano, o bien tintos de medio cuerpo, también vivaces, como ciertos pinot noir o el lambrusco de Sorbara. Para quien desee algo de burbuja, el cava rosado puede ser una gran elección. Dejamos de lado al queso como protagonista en sí mismo, pues su amplia diversidad (desde el delicado brie hasta los curados manchegos o parmesanos pasando por los quesos azules como el famoso roquefort o el fortísimo cabrales) abre un abanico de maridajes imposible de abordar en el espacio del que disponemos aquí.

POSTRES

Tartas de cerezas, guindas, moras o frambuesas

Maridan bien con los vinos tintos jóvenes, o incluso algunos rosados, que recuerden las sensaciones y aromas de estos mismos frutos.

Tartas de frutas al horno

Vinos blancos dulces naturales, servidos bien frescos. La tarta de manzana puede maridarse bien con un blanco pasificado pero no licoroso o un gewürtztraminer de vendimia tardía.

Tartas de frutas y nata

Su contenido en grasas impone el maridaje con espumosos con acidez y levemente dulces, servidos bien frescos.

Trufas y postres de chocolate

Los Pedro Ximénez y los olorosos andaluces son los clásicos españoles que maridan bien con los postres con chocolate, sobre todo en combinaciones ligeras, con leche. Otras propuestas incluyen los moscateles de Levante, el cava o el champán brut.

Pasteles de café

Vinos licorosos blancos y de gran estructura, o bien directamente ron.

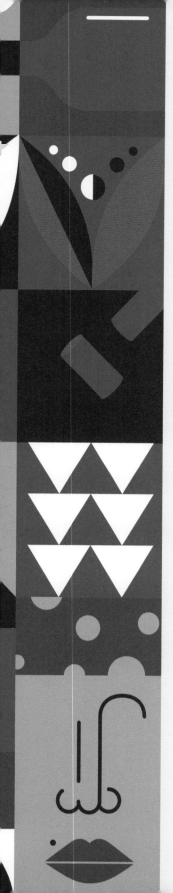

Con almendras

Las pastas de té admiten vinos blancos pasificados, desde la malvasía hasta el moscato. Otros postres con mayor presencia de almendra, como el turrón o el mazapán, también combinan con un vino dulce, como el tradicional moscatel o el Fondillón alicantino, si bien el más famoso y reconocido es el Vin Santo de la Toscana. Para algunos, sin embargo (es el caso de los *carquiñolis*: un pan dulce tostado a base de almendras), la tradición manda que se beban con un buen cava del Penedès. ¡Incluso mojados en la copa!

Milhojas, buñuelos…

Aunque también maridan bien con los moscateles, suelen preferir vinos espumosos dulces o bien semisecos o secos, vivaces y levemente aromáticos.

Panettone, brioche y dulces horneados
con masa fermentada con levadura

En este caso, la combinación es casi obligatoria: Moscato de Asti o Asti espumoso.

Tiramisú, *babà* y otros

Vinos blancos pasificados, con tendencias aromáticas y florales: malvasía o gewürztztraminer alsaciano.

MARIDAJES IMPOSIBLES

A causa de sus particularidades organolépticas, ciertos ingredientes son demasiado dominantes o combinan mal con los componentes del vino.

Alcachofas

Tienen un alto contenido en taninos, de manera que sobre todo cuando las comemos crudas chocan y maridan mal con el vino.

Limón y vinagre

Las vinagretas a base de limón y vinagre son difíciles, sobre todo cuando estos ingredientes están muy presentes. Suelen presentan un final amargo y mineral en boca que resulta muy difícil combinarlo bien con vino.

Hinojo

Esta hierba aromática tiene un efecto neutralizante —especialmente si la ingerimos cruda—, que no se lleva bien con las papilas gustativas.

Mostazas

Las preparaciones con una presencia relevante de salsas fuertes de mostaza o con rábano (o la *mostarda* italiana) aportan un sabor picante y penetrante que dificulta una buena combinación con vino.

Salmueras y otros

Las salmueras y los pescados en conserva no combinan bien con el vino, que suele adquirir un sabor metálico. El maridaje no es imposible pero sí difícil con los ahumados y con el caviar.

Fruta cruda

En particular los cítricos, a causa de su acidez, no combinan bien con el vino.

Postres con licor

Prácticamente solo combinan bien con el mismo licor con el que se ha elaborado el plato.

Chocolate

Los postres de chocolate elaborados con un alto porcentaje de cacao (por encima del 60%) solo es posible combinarlos con vinos fortificados o generosos.

Helados

El maridaje aquí es imposible, dado el efecto anestésico del frío en las papilas gustativas.

Finalmente, cuatro palabras sobre las **cocinas étnicas**, sobre todo las orientales, especiadas y aromáticas, pero también las africanas y la mexicana: se trata de un auténtico campo minado y se corre el riesgo de hacerse daño por querer maridar un vino a toda costa. Es mucho más seguro hacerlo con cervezas locales, té, sake...

EN LA PRÁCTICA: CÓMO SERVIR

Visto el efecto que las diferentes temperaturas tienen en las percepciones gustativas, ha llegado el momento de preguntarse a qué temperatura concreta hay que servir el vino.

¿Existe una temperatura ideal para cada vino? La respuesta es «sí». Pero no siempre es fácil determinar esta temperatura ideal. Su definición es subjetiva; depende del vino, pero, de la misma manera, también depende del ambiente y de los hábitos y gustos del consumidor.

En términos prácticos, estos son los parámetros habitualmente codificados sobre las temperaturas:

- vinos espumosos frescos o elaborados con el método Charmat, blancos jóvenes, ligeros y ácidos: 4-8 °C;
- vinos blancos dulces naturales, rosados y jóvenes, espumosos elaborados con el método tradicional, cava, champán: 6-8 °C;
- vinos blancos con estructura, maduros, eventualmente fermentados en madera, y champanes *millésimés* notables y evolucionados: 10-12 °C.
- en algunas categorías especiales de blancos, como los de uvas blancas vinificados como tintos, también hasta 14 °C;
- vinos blancos licorosos: 7-8 °C;
- vinos tintos jóvenes y poco tánicos: 13-15 °C;
- vinos tintos estructurados: 15-17 °C;
- vinos tintos envejecidos y tánicos: 18 °C;
- grandes vinos tintos muy envejecidos, para beber en invierno con platos calientes: 18 °C, máximo 20 °C.

Sin embargo, tened en cuenta que cuando el vino ya está en el vaso se calienta con rapidez: aproximadamente entre 0,5 y 1 grado por minuto. Por poner un ejemplo, un vino servido en una copa a una temperatura de 8 °C alcanza los 13 °C en el transcurso de veinte minutos, a una temperatura ambiente de 22 °C. Es por ello, y sobre todo durante el verano, que ante la duda es mejor servir siempre el vino mucho más fresco de lo habitual.

EN LA PRÁCTICA: CÓMO BEBER

Cuando tenemos un vino en la boca, para desentrañarlo disponemos de diferentes fases en momentos distintos: el ingreso, es decir, cuando el vino «entra» en la boca; la evolución, es decir, «qué hace» en mitad de la boca, y el final, cómo acaba mientras se traga.

La técnica es la siguiente: se introduce en la boca una pequeña cantidad de vino; se debe bañar toda la superficie interna sin diluirlo excesivamente con la saliva. En un primer momento, se retiene en la zona anterior de la lengua y después se pone en contacto con todas las partes de la cavidad oral, con las encías y, finalmente, con el área posterior. De esta forma se notan todos los sabores y se perciben las sensaciones táctiles. Después se puede retener el vino sobre la lengua y aspirar un poco de aire, entre los labios, para que las sustancias se vuelvan aéreas y volátiles y para amplificar la sensibilidad gustativa; solo entonces se engulle. Haciéndolo así, se intenta comprender la estructura general de un vino, el equilibrio de sus componentes, la intensidad y la calidad de las sensaciones retro-olfativas, su correspondencia con las sensaciones que se han notado primero a través del olfato y la persistencia y la calidad de las sensaciones finales.

ÍNDICE

MARCO POZZALI

Nacido en Parma en 1972, es escritor, periodista especializado y sumiller. Integrante durante once años en el Gruppo Food, ha sido redactor jefe y codirector de revistas de eno-gastronomía italianas de difusión nacional como *Bar Business*, *Buon Appetito* y *Mangiarsano*, así como responsable de los maridajes entre vinos y alimentos editados como libros o suplementos de periódicos. Ha escrito, junto con Federico Graziani *Grandi Vini di piccole cantine* (2007) y *Vini d'Autore, le 111 migliori etichette d'Italia* (2008), junto con otros autores, la *Enciclopedia del Vino* (2012) y ya en solitario *Storie di vino e cucina, incontri e racconti a tavola con venti produttori italiani* (2015). En Gribaudo ha publicado previamente, con Federico Graziani, *Grandi vini di piccole cantine* (2012), *Grandi Vini d'Italia* (declarado como el mejor libro de Italia en los Gourmand Cookbook Awards de 2015) y *Il taccuino del vino* (2019). En paralelo a esta labor, es autor de narrativa (*Il profumo degli aghi di pino*, 2009; *Le nuvole non aspettano*, 2017; *Per come poso*, 2020), así como de un pequeño volumen de poemas (*Brevissimo, piccole schegge di parole senza nulla dimenticare*, 2018). Además de dedicarse a la escritura, desde 2015 trabaja como responsable de relaciones exteriores para una distribuidora de vinos franceses.